フランス語構文の分析

井口　容子

駿河台出版社

まえがき

　本書は，フランス語の構文に関してここ十数年の間に筆者が考察してきたことをまとめたものである．

　第一部「代名動詞の諸相」においては，フランス語の代名動詞をさまざまな角度から検討している．「代名動詞」はドイツ語等の文法でいう「再帰動詞」に相当するもので，「ヴォイス（態）」及び広い意味での「動詞の自他」の問題に密接にかかわりあうものである．そしてこのヴォイスや動詞の自他の問題は，ここ十年ほどの間，日本語研究も含めて，言語研究者の関心を最もひきつけてきた話題のひとつであるということができる．

　この問題が，このような注目を集めるにいたった背景としては，ひとつには，Perlmutter (1979) 以来，生成文法や関係文法において，従来「自動詞」として分類されてきた動詞に「非対格／非能格」の区別を設ける，いわゆる「非対格仮説」が注目されてきたことがあげられるだろう．また90年代初頭から，個々の理論の枠をこえる形でさかんに行なわれてきた「語彙意味論」の研究に，動詞の自他交替が格好の分析対象を提供したということもできる．さらには言語類型論の立場においても，認知言語学的な視点をからめながら，ヴォイスや動詞の自他交替に関して，共時的・通時的両面において，非常に興味深い研究がなされている．

　第一部は，このような言語学的潮流の中に身をおきながら，

筆者がこの問題に関して考察してきたものである．フランス語の代名動詞を直接の分析対象としながら，同時により一般的な意味における動詞の自他，非対格性，ヴォイスの問題などを視野に入れて，分析を行なうことをめざしたつもりである．

第二部「非対格性をめぐるその他の問題」においては，代名動詞以外のフランス語の構文で，非対格性にかかわるものを論じている．具体的には能動的意味をもって用いられる過去分詞の構文（Legendre（1989）が Participial Equi, Reduced Relative と呼ぶ構文），および心理動詞の構文である．

第三部「与格と項構造」においては，いわゆる「外的所有者（external possessor）の与格」を含む構文を考察し，さらには日仏両語における「二重主題構文」をも分析の射程に含めている．これらの構文は，Shibatani（1995）が «extra-thematic argument» と呼ぶ，動詞によって論理的に選択された項ではない名詞句を文の主要な要素として含むという共通点を持つものであり，「項構造」と統語的に実現された文の構造との関係を考える上で，極めて興味深い構文であるということができる．そしてまさにその意味において，本書第一部，第二部で論じた非対格構文にもつながる，理論的興味を有するものであるといえるのである．

本書は，これらの構文を分析し，日本フランス語学会機関誌『フランス語学研究』，広島大学総合科学部紀要『言語文化研究』，九州大学フランス語フランス文学研究会編『STELLA』，広島大学フランス文学研究会編『広島大学フランス文学研究』に筆者が発表してきた論文に手を加えてまとめたものである．本書の

出版を機に，筆者がこれまで歩んできた道をふりかえり，さらなる勉学のための礎とすることができれば，と願っている．

最後に，本書の出版を快諾してくださった駿河台出版社，および同社代表取締役井田洋二氏に心から御礼申し上げる．

2002年12月

井口　容子

目　次

まえがき

第一部　代名動詞の諸相 ……………………………… 7
第1章　フランス語の代名動詞と日本語の自発表現 ……… 9
第2章　フランス語の再帰／非再帰形自動詞と非対格性
　　　　　………………………………………………… 37
第3章　フランス語の再帰的代名動詞と中立的代名動詞
　　　　　………………………………………………… 59
第4章　中相範疇としてのフランス語代名動詞 ………… 81
第5章　イベント記述的性格をもつ受動的代名動詞 …… 103

第二部　非対格性をめぐるその他の問題 ……………… 113
第6章　フランス語の過去分詞と非対格仮説 ………… 115
第7章　en の遊離と非対格仮説 ………………………… 127

第三部　与格と項構造 …………………………………… 141
第8章　拡大与格と体の部分の所有者を表す与格 …… 143
第9章　Jean lui a cassé sa vaiselle / le bras
　　　　　にみられる与格について ……………………… 155
第10章　与格の拡大用法と二重主題構文
　　　　　── 統語構造と談話構造 ── ………………… 159
第11章　フランス語の分離不可能所有者与格と拡大与格
　　　　　………………………………………………… 177

第一部

代名動詞の諸相

第1章
フランス語の代名動詞と日本語の自発表現

1. はじめに

　フランス語学では「再帰代名詞 se＋動詞」の連鎖を「代名動詞」と呼んでいる．ドイツ語やスペイン語の再帰動詞など，他の多くの言語における再帰代名詞を伴う形態がそうであるように，フランス語の代名動詞も再帰的意味を表すだけでなく，「中間構文（middle construction）」とよばれる用法（ex. *Ce livre se lit facilement* 'This book reads easily'）や，他動詞とペアをなす自動詞にあたる用法（ex. *Le verre s'est cassé* 'The glass broke'）などを併せ持つことが知られている．

　ところで日本語においても，「受動，自発，可能」などの複数の機能が同じ「れる，られる」という形態素によって表現されるという現象がみられる．この日本語の形態の多義性と，フランス語等の再帰代名詞を伴う構文のそれとは，同じファクターによって説明されるものだとする立場が近年よくみられる（ex. Shibatani 1985，東郷 1994）．本書においてはこのようなことをふまえた上で，フランス語の代名動詞と日本語の自発の表現を対照させながら分析してみたい．出発点としてフランス語学において「受動的代名動詞のアスペクト制約違反」と呼ばれる現象について考察する．分析のキーワードとなるのは「語彙

的アスペクト」の概念である．

2．受動的代名動詞と中立的代名動詞

　受動的代名動詞のアスペクト制約の問題の具体的な検討に入る前に，フランス語における「受動的代名動詞」がいかなる用法であるのか，特に「中立的代名動詞」と呼ばれる用法と対照させながら確認しておきたい．

　受動的代名動詞の代表的な例文は，次の(1)のようなものである．

(1)　a．Ce livre se lit facilement.
　　　b．Ce veston se lave en dix minutes. (Ruwet 1972)

これに対して(2)は中立的代名動詞の例文である．

(2)　a．Le verre se brise.
　　　b．La lampe s' allume.

「受動的代名動詞（construction pronominale passive）」，「中立的代名動詞（construction pronominale neutre）」は，Keyser & Roeper（1984）や Fagan（1992）等のいう "middle（中間構文）"，"ergative（能格構文）" に，それぞれ対応するものである．これらの用語に関してであるが，本書においてはフランス語の代名動詞を指す場合には，(1)の用法を「受動的代名動詞」，(2)の用法を「中立的代名動詞」と呼ぶことにしたいと思う．

　(1)のタイプの代名動詞に関しては，「中動的代名動詞」あるいは「中間構文」という名称がかなり定着しており，筆者もこれまでしばしばこの名称を用いてきた．しかしながら，「中動（moyen, middle）」というのは本来ヴォイスのカテゴリーであり，代名動詞の一用法ではなく，むしろ代名動詞全体を指す用語として用いたいものである．特に近年，言語類型論等の分

野においては、ロマンス語の代名動詞も中相（voix moyenne）の実現形としてとらえ、個々の用法もその全体像の中で位置付けていくという傾向がみられる（詳しくは本書第4章を参照されたい）．本書における代名動詞の分析も、基本的にこの立場によるものであるので、(1)の用法に対しては、あえて「受動的代名動詞」という伝統的名称を用いたいと思う．他方、(2)のタイプの用法に関しては、Ruwet (1972) 以来定着した感のある「中立的代名動詞」という名称を用いることにする．

さてこの「受動的代名動詞」と「中立的代名動詞」であるが、いずれも他動詞の目的語が、代名動詞の主語に対応するという特性を持っている．

(3) a. On lit ce livre facilement.

　　b. Ce livre se lit facilement.

(4) a. On brise le verre.

　　b. Le verre se brise.

だが、この二つのタイプの代名動詞の間には、「潜在動作主」の存在をめぐって大きな相違がみとめられる．受動的代名動詞は、よく知られているように、《être＋過去分詞》のいわゆる「受動構文」とは異なり、«par NP» による動作主の明示が許されない．

(5) a. Ce livre se lit facilement.（=(1a)）

　　b. *Ce livre se lit *par les étudiants*.

　　　　cf. Ce livre est lu *par les étudiants*.

しかしながら、«par NP» という連鎖による明示こそ許されないが、受動的代名動詞には、動作主が潜在的に存在することが常に含意されている．例文（5a）を例にとると、「この本は簡単に読める」というからには、「読み手」が必ず存在するはず

である．読む人もいないのに，ひとりでに本が読めてしまうなどということはありえない．先にみた受動的代名動詞の他の例文の（1b）についても同様のことがいえる．

これに対して中立的代名動詞の方は，動作主は潜在的にも存在しない．例文（2a）において，「コップ」は「割られる」のではなく，「割れる」のである．中立的代名動詞が一項述語であるのに対して，受動的代名動詞は，意味的なレベルにおいて二項述語にとどまっているということができる[1]．

受動的代名動詞と，中立的代名動詞との間にみとめられる以上のような共通点と相違点を確認した上で，「受動的代名動詞のアスペクト制約違反」の問題の検討に入ろう．

3．受動的代名動詞のアスペクト制約

受動的代名動詞には点括相の時制とは共起しないというアスペクト上の制約が課せられている，ということはよく知られている．

(6) a. Le caviar *se mange* avec de la vodka. （Ruwet 1972）
    b. *Le caviar *s'est mangé*.

しかしながらフランス語の受動的代名動詞には，このアスペクト制約に反すると思われる例が少なからず存在する．

(7) Le ronronnement feutré du moteur *s'entendit* dans toute la ville. （M. Duras, 収録Pinchon 1986）

(8) Ce livre *s'est imprimé* en une semaine.
    （Zribi-Hertz 1982）

(9) La question *s'est discutée* hier matin avec passion dans la salle du conseil. （Boons, Guillet & Leclère 1976）

この問題は研究者達の注目を集めており，中でも春木（1987,

1995）においては，興味深い分析がなされている．ただこの問題に関する従来の分析は，(7)-(9)のような例に対して特に区別を設けることなく，一括して説明を行なっている，という印象を受ける．だがアスペクト制約違反といわれる文の例をよく検討してみると，かなり性格の異なるいくつかのグループに下位区分されるのではないかと思われるのである．

　本稿で特に注目するのは，(7)，(8)のタイプである．これらは受動的代名動詞というより，むしろ中立的代名動詞の拡大用法であると考えられる．そしてこの拡大用法がまた二つのサブクラスに分けられる．これを achievement 型，accomplishment 型と呼ぶことにするが，(7)，(8)はそれぞれのクラスの代表例である．

　(9)はこれらとはかなり性格の違うものである．Boons, Guillet & Leclère (1976) は非具体的意味を持つ動詞の場合にはアスペクト制約の対象とならないことが多いということを指摘しているが，(9)はその例である．これはフランス語の受動的代名動詞のひとつの興味深い特性を表すものであると思われるが，ここでは「中立的代名動詞の拡大」という問題の方にテーマを絞っているため，この問題はまた別の機会に論じたい．

4．プロトタイプ的中立的代名動詞の二つの特性

　ここで *se briser, s'allumer* などのプロトタイプ的な中立的代名動詞の特性について考えてみたい．Grimshaw（1982）も指摘するように，このタイプの代名動詞は対応する他動詞との間に，いわゆる "causative-inchoative" の関係をもつ．他動詞-自動詞の間の意味的・論理的な対応関係として諸言語において広くみとめられるこのパターンは，(10)のような形で表すこと

ができる.

(10) a. causative predicate
CAUSE (x, BECOME (Predicate (y)))
b. inchoative predicate
BECOME (Predicate (y)) [2]

たとえば *briser -se briser* の論理的構造は，次のように記述されることになる.

(11) a. *briser*
CAUSE (x, BECOME (BRISÉ(y)))
b. *se briser*
BECOME (BRISÉ(y))

(10b) の構造をみると，中立的代名動詞は "BECOME" という抽象的な意味述語を含んでいる．これは，中立的代名動詞が記述する出来事 (event) が，「最終状態 (Predicate (y) という表記に対応する) への移行」を含意するものであるということを示している．この特性は中立的代名動詞のような inchoative predicate と，*marcher* のようなタイプの自動詞との間の相違を示すものともいえる．*marcher* 等はいわゆる「未完了動詞」であり，「最終状態」を持つものではない[3].

(10)の構造は，さらに次のようなことを示す．inchoative predicate は，対応する causative predicate から，起因者 "x" を，意味述語の "CAUSE" とともに取り除いたものであるといえる．逆にいえば，起因者 "x" を取り除くことが可能な他動詞のみが，対応する inchoative predicate を持ち得る，ということになる．たとえば *assassiner* は，(10a) のような形で記述することの可能な，状態変化を含意する他動詞である．だがこの他動詞から(12)のような中立的代名動詞を派生することは

第1章 フランス語の代名動詞と日本語の自発表現

できない．

(12) *Le président s'est assassiné.
assassiner という動詞が記述する出来事は，自然発生的に起こり得るものではない．起因者を取り除くことのできない概念なのである．

　以上のことをまとめると，プロトタイプ的な中立的代名動詞は次の二つの特性をもつ，ということになる．第一に，「ある最終状態にむかう変化」を記述するものである．このことは語彙的アスペクトとしては「完了的」である，ということも含意する．第二に自然発生的な意味をもつ．したがって assassiner のような自然発生的な生起が不可能な概念を表す動詞は，中立的代名動詞を形成することができない．この二つは，単にフランス語の中立的代名動詞の特性というにとどまらず，より一般的に inchoative predicate の特性ということができる[4]．

5．中立的用法の拡大例＜1＞ —achievement型—
5.1．知覚動詞

　受動的代名動詞に課せられるアスペクト制約に違反する例として，知覚動詞である s'entendre, se voir を含む文がしばしば指摘される．(7)もそのひとつであるが，その他に次のような例もある．

(13)　Cela ne s'est jamais vu. （春木 1987）
(14)　は作例であるが，インフォーマントは問題なく許容する．
(14)　Ce bruit s'est entendu de loin.

　se voir や s'entendre を含む文においては，対応する他動詞の主語にあたる人物が潜在的に存在することが想定されている．「見る人」，「聞く人」が存在せずして，「見える」，「聞こえる」

という event は成立し得ない．この点において *se voir, s'entendre* は，*se briser, s'allumer* といったプロトタイプ的中立的代名動詞と異なる．そしてこの特性を持つため，この二つはしばしば「受動的代名動詞」とみなされてきたのである．*voir, entendre* はアスペクト的には achievement である，ということができる．Vendler (1957) は，英語の *see* に関して，(15)のような場合には achievement である，と指摘している．

(15)　At that moment I *saw* him.
　　　(Vendler 1957: 154)

　Van Valin (1990) は achievement の「論理構造 (LS：Logical Structure)」を(16)のような形で記述する．

(16)　BECOME predicate' (x) or (x, y)
　　　(Van Valin 1990: 224)

この「論理構造」が "BECOME" という抽象的な意味述語を含んでいるということにもあらわれているように，achievement は「最終状態への移行」の概念を含むものである．*voir, entendre* も，映像／音が目／耳に到達する，という意味において，「最終状態への移行」という性格をもつ．そしてこの event は知覚者の意図をはなれて「自然発生的」に起こり得るものである．目を開けている限り映像は自然に目にとびこんでくるし，意図的に耳をふさがない限り，音が耳にはいってくるのを止めることはできない．

　briser や *allumer* のような "causative predicate" と呼ばれる他動詞の場合は，その主語が「起因者」であるために，この人物の存在を想定したままでは自然発生的な意味は得られない．したがってこれらの動詞が「自発的」という意味特性を獲得するためには，一項述語である inchoative predicate にならねば

ならない（4節を参照されたい）．

これに対して *voir, entendre* という知覚動詞は "causative predicate" ではない．これらの主語は「起因者」ではなく，映像や音が到達する「到達点」にすぎない．したがってこの人物の存在を想定しながら，自然発生的な解釈を得ることが可能である．こうして *se voir, s'entendre* という，二項述語でありながら「自発的」という意味特性をもつ形式が可能となる．

se voir, s'entendre は，対応する他動詞との間に "causative-inchoative" の関係をもつものではない．しかしながら「最終状態への移行」と「自発的」という，inchoative predicate にみられる二つの重要な意味特性を有している．これらは中立的代名動詞の拡大例というべきものなのである[5]．

5.2. 認知動詞

comprendre, apprendre, concevoir, reconnaître など，「認知」を中心とした精神活動にかかわる意味内容をもつ一連の動詞の代名動詞形も，知覚動詞の代名動詞と同様に，中立的代名動詞の拡大例と考えることはできないだろうか．これらの動詞はいずれもアスペクト的には achievement であり，「最終状態への移行」という概念を含む．そしてこれらは自然発生的な解釈が可能である．これらの動詞は知覚動詞と同様の意味的特性をもっているのである．

春木（1994）は次の文の *s'apprend* について，「知らないうちに身につくものだ」という解釈を受ける場合には中立的代名動詞である，という見解を示している．

(17) Savoir vivre?　Ça *s'apprend* petit à petit sans le savoir en voyageant.（春木 1994: 40）

ただ認知動詞の代名動詞は，複合過去におかれた場合の許容度が，知覚動詞の代名動詞の場合ほど高くない，ということが指摘できる．(18)−(19)は作例をインフォーマントに示したものである．

(18)　*?Cette théorie *s'est comprise* tout de suite.

(19)　?Ce plan *s'est conçu* pendant son voyage en Italie.

これらの例はいずれもある程度の評価は得ているものの，容認可能性はそれほど高くない．知覚動詞の例である(13), (14)が全く問題なく受け入れられているのと比べると，明らかに許容度に差がある．この点を考えると，認知動詞の場合は拡大中立的代名動詞とみなすのが妥当かどうか疑問に思われてくる．

しかしながら他方において，*se comprendre, se reconnaître* などを受動的代名動詞とみなすことに関しても問題がある．Fagan (1992)は英語やドイツ語の中間構文（middle construction）を許容する他動詞は，フランス語の中間構文（受動的代名動詞）の場合とは異なり，アスペクト的に activity と accomplishment のみに限定され，achievement は許容しないということを指摘している．

(20)　a.　*A red-winged blackbird recognizes easily.

　　　b.　*This poem understands easily.

　　　　　（以上，Fagan 1992）

　　　c.　*The dirtiness of the New York streets notices easily.

　　　　　（Fellbaum & Zribi-Hertz 1989）

(21)　a.　*Diese Krankheit erkennt sich nicht leicht.

　　　　'This disease doesn't recognize easily.'

　　　　　（Fagan 1992）

　　　b.　*Deine Unsicherheit bemerkt sich unschwer.

'Your uncertainty notices easily.'[6]
　　　　（Wagner 1977）

(20), (21)は英語，ドイツ語のそれぞれの例である．アスペクト的に achievement である認知動詞を含むこれらの文は，いずれも許容されない．これに対してフランス語の（22a-c）は，全く問題なく許容される．

(22)　a.　Pierre se reconnaît à son nez rouge.
　　　　　　（Zribi-Hertz 1982）
　　　b.　Ce poème se comprend facilement.
　　　　　　（Fagan 1992）
　　　c.　La saleté des rues de New York se remarque facilement.
　　　　　　（Fellbaum & Zribi-Hertz 1989）

知覚動詞の場合にも同様の現象がみとめられる．

(23)　a.　［仏］La Tour Eiffel se voit de loin.
　　　　　　（Zribi-Hertz 1982）
　　　b.　［独］*Der Eiffelturm sieht sich von weitem.
　　　　　　（Fagan 1992）
　　　c.　［英］*The Eiffel Tower sees from afar.
　　　　　　（Ibid.）

本稿5.1.節において示した分析に従えば，知覚動詞の代名動詞形 *se voir* の例である（23a）は，「受動的代名動詞」ではなく，「拡大中立的代名動詞」として許容される，と考えることができる．認知動詞の場合も，（22a-c）のような例を「受動的代名動詞」ではなく「拡大中立的代名動詞」とみなせば，中間構文を許容する他動詞は activity と accomplishment のみである，という一般的な傾向はフランス語においてもみとめられるということになる．

いずれにしても，認知動詞の代名動詞はさまざまな問題を含むものであると考えられる．(22a-c)のような例を，受動的代名動詞とみなすのか，それとも拡大中立的代名動詞とみなすのかという問題は，今後の課題としたい．

　この節を終えるにあたり，認知動詞に関して，もうひとつ興味深い現象をあげておきたい．

(24)　La nouvelle *s'est sue* tout de suite.

　　　（『ロワイヤル仏和中辞典』）

achievement の意味をもつ場合の *savoir* を用いたこの例は，(18)-(19)とは異なり，全く問題なく許容される．この例は9節において述べる日本語の「知れる」との関係においても興味深いものである．

6．中立的用法の拡大例＜2＞
　　　—accomplishment 型—

(25)　Ce livre *s'est imprimé* en une semaine.　　(=(8))

　　　　　（Zribi-Hertz 1982）

この文の許容度が高いのは *en une semaine* という前置詞句の存在によるものと思われる．「en＋時間（または期間）」の付加が，複合過去におかれた代名動詞の許容度を向上させる現象は，他の動詞においても認められる．(26)-(28)は作例をインフォーマントに示したものである．

(26)　a.　*Tout le vin de la cave s'est bu.

　　　b.　?Tout le vin de la cave s'est bu *en un mois*.

(27)　a.　*Tous les plats se sont mangés.

　　　b.　?*Tous les plats se sont mangés *en une heure*.

(28)　a.　*Tout le linge s'est lavé.

b.　?Tout le linge s'est lavé *en une heure.*

　筆者はこれらの例にみられる代名動詞は，受動的代名動詞ではなく，中立的代名動詞の拡大用法であると考える．ただ5節でみた *s'entendre, se concevoir* などの拡大例とはかなり性質の異なるものである．5節で扱った例はいずれも心的・精神的なプロセスを表す代名動詞の例であったが，*imprimer, manger, boire, laver* などはいずれも具体的な行為を表す動詞である．語彙的アスペクトの観点からいえば，5節でみた *entendre, concevoir* 等はいずれも achievement であるが，本節で扱う *manger, laver* 等はいずれも accomplishment である．Dowty (1979)/Van valin (1990) は accomplishment は activity と achievement の二つの部分から成るものとしてとらえる．accomplishmentの「論理構造（L S : Logical Structure)」は次のような形で表される．

(29)　　ϕ cause ψ, where ϕ is normally an activity predicate and ψ an achievement predicate.
　　　（Van Valin 1990: 224）

　ところで *se briser, s'allumer* 等のプロトタイプ的中立的代名動詞に対応する他動詞 *briser, allumer* も，アスペクト的には accomplishment である．しかしながらこれらの他動詞と *manger, boire* 等との間には大きな違いがある．前者は本質的に accomplishment の意味を持つものであるのに対して，後者は派生的に accomplishment の意味を持つものであるということができる．Van Valin (1990) は英語の *eat* に関して，*John ate spaghetti* という文においては activity であるが，*John ate the spaghetti* においては accomplishment である，と指摘する．そしてこの二つの用法の間には，(30)の語彙規則で表される派生

関係がある，としている．

(30) Activity[motion, creation, consumption]→Accomplishment: given an activity LS[φ…predicate′…], add CAUSE [ψBECOME predicate′…] to form a φ CAUSE ψ accomplishment LS.

（Van Valin 1990: 225）

フランス語の *manger, boire* も，*eat* と同じタイプの派生的 accomplishment であるといえる．*laver* は motion, creation, consumption のいずれに該当するものでもないが，(31)が示すように activity, accomplishment の二つの用法をもつ．

(31) a. Elle a lavé du linge pendant une heure.（activity）
　　 b. Elle a lavé sa chemise en deux minutes.（accomplishment）

laver に関しても，基本的意味は activity であり，派生的に accomplishment の意味を持ち得るということができる．

Van Valin (1990) は，これら派生的 accomplishment においては，その意味内容のうち，第一義的なものは causing activity の方であり，「結果」として引き起こされる「状態」ではない，と指摘する（p. 225）．これに対して本質的 accomplishment の場合は，むしろ「結果としての状態」の方に意味内容の重点があるように思われる．このことは，本質的 accomplishment である英語の他動詞 *break* を含む *The child broke the watch* という文の「論理構造」を，Van Valin (1990) が(32)のような形で記述していることからもうかがえる．

(32) [do′ (child)] CAUSE [BECOME broken′ (watch)]
　　（Van Valin 1990: 224）

(32)において，causing activity にあたる部分は [do′ (child)]

第1章 フランス語の代名動詞と日本語の自発表現　23

である．この"do'"というのは causing activity の意味内容が特定されていない場合に用いられるものである．つまり *break* という他動詞において，動作主は何らかの行為を行なうのであるが，その「行為」の内容はとくに限定されていない．結果として時計がこわれた状態に至らしめれば *break* という event は成立する．

　フランス語のプロトタイプ的中立的代名動詞に対応する他動詞は，「結果としての状態変化」に意味的重点がおかれる本質的 accomplishment である．これに対して *manger* や *laver* などは activity の方に重点のある派生的 accomplishment である．これらの動詞から，activity をとりのぞいて，achievement の部分だけを独立させた自動詞を派生することは，一般に不可能である．(26a), (27a), (28a) の非文法性はこのことを示す．

　ところがこれらの文に「en＋時間」という前置詞句を付加すると，事情はかわってくる．この前置詞句は，動詞の表す「出来事 (event)」が到達する「最終状態」に，注意をひきつける効果をもつものである．この前置詞句を付加することにより，activity が背景化し，「最終状態への移行」という achievement の意味が前面に出てくるのである．

　この「最終状態への移行」というのは，4節でみたように，プロトタイプ的中立的代名動詞の特性のひとつである．この面が強調されるため，(26b), (27b), (28b) における代名動詞は，意味構造が中立的代名動詞に近くなる．ただ，中立的代名動詞のもうひとつの特性である「自発的」という意味特性はこれらの代名動詞はもっていない．このため容認可能性は「？」または「？*」であり，「可」とはならないのである[7]．

7. 日本語の自発表現

(33)–(35)のような文にみられる助動詞「れる・られる」は自発の意味を表すといわれる．

(33) 故郷のことが偲ばれる．

(34) あの日のことが悔やまれる．

(35) 彼の指摘は的を得ているように思われる．

また形態的には異なるが，「見える」「聞こえる」などの形も自発的意味を表すものとして，しばしば上記の「れる・られる」を伴う形とともに論じられる．

寺村（1982）は「自発態」という独立したヴォイスを設けているが，上記の二つのタイプに加えて，一般には自動詞とみなされる「割れる」「折れる」「とれる」なども自発態とみなしている．

本稿においては，いずれも「ある事態・現象が自然に起きる」という意味を持つこれら三つの動詞形態を，それぞれ「思ワレル型」「見エル型」「割レル型」と呼び，形態・意味の両面から分析する．

7.1.「割レル型」

このタイプの例は「割れる」「折れる」「焼ける」などである．このタイプは，形態的には寺村（1982）が指摘するように，対応する他動詞の語幹に '-e-(ru)' という形態素が付いたものである．つまり自他の対をなす動詞のうちでも，他動詞の方が形態的により基本的なものであり，自動詞はそれから派生されたものと考えられるタイプである．

意味的には「割レル型」は，対応する他動詞との間にいわゆる "causative-inchoative" の関係をもつものであるといえる．

「V-(ru) →V-e-(ru)」という操作は，"Inchoativization"のプロセスであるということができる．そしてこのプロセスはかなりの生産性をもっているように思われる．この点においてフランス語における「他動詞→中立的代名動詞」の派生過程に類似している．

7.2.「思ワレル型」

「思われる」に代表されるこのタイプの例としては，「偲ばれる」「悔やまれる」「惜しまれる」「思い出される」などがあげられる．

「思ワレル型」は形態的には受け身と同じ形をとる．「五段活用の他動詞の語幹＋-are-(ru)」という形が最も多いが，「感じられる」「認められる」などは「上一段・下一段活用の他動詞の語幹＋-rare-(ru)」の例である．また「期待される」など「〜する」という形の複合動詞を基とした，サ行変格活用型のものもある．意味的にはこのタイプの自発形は，思考・感情を表す動詞に限られる，という特徴がある．

問題はこの「思ワレル型」と「割レル型」との関係をどうとらえるかである．日本語研究においては，学校文法も含めて，「割レル型」は「自動詞」のひとつの型として分類し，「思われる」に代表される自発形とは区別することが多いようである．森山 (1988) もこの立場をとる．これに対して寺村 (1982) は「思ワレル型」，「割レル型」の二つをともに「自発態」とみなす．

本稿では「思ワレル型」と「割レル型」の共通点と相違点を明らかにしてみたい．まず共通点であるが，この二つはともに他動詞を基として派生された，自然発生的な意味をもつ形であ

る，ということができる．相違点としてまず指摘できるのは形態的なレベルのものである．「思ワレル型」は「受け身形」と同じ形をとるのに対して，「割レル型」は「語幹＋-e-(ru)」という形をとる，という明らかな相違がみられる．

　意味的なレベルにおいては次のような相違が指摘できる．7.1.節でみたように，「割る－割れる」「折る－折れる」など，「割レル型」の「他動詞－自動詞」の間には"causative-inchoative"の関係がみとめられる．これに対して「思ワレル型」の自発形を許容する動詞は，これとは全く異なる意味構造をもっている．これらはいずれも思考や感情という mental activity を表す動詞である．これらの動詞の概念から，他動詞形の主語にあたる人物を取り除くことはできない．「悔やむ人」なくして「悔やまれる」という事態は成立し得ないのである．

　「思ワレル型」と「割レル型」及び「見エル型」の間には，この他にも興味深い相違が存在する．この点に関しては，「見エル型」も考慮にいれながら次の7.3.節および8節において論じたい．

7.3.「見エル型」

　「見える」「聞こえる」「売れる」「知れる」を，「見エル型」と呼ぶことにする．形態的には，「見エル型」は「思ワレル型」とは異なる特徴をもっている．「売れる」「知れる」に関していえば，「割レル型」と同形である．この形は「書ける」「読める」などの可能形とも同形であるといえる．「見える」「聞こえる」は，上代語の助動詞「ゆ」を伴う形である「見ゆ」「聞こゆ」が化石的に残ったものである．ただ現代語において "-eru" という形態素をもっていることを考えれば，少なくとも表面上は

第1章　フランス語の代名動詞と日本語の自発表現　　27

「割レル型」に近いということができる．

　意味的な面を考えると，これらの形はいずれも自然発生的な意味合いをもっているが，対応する他動詞の主語にあたる人物の存在が必ず想定されている，という特徴を有するものであるということができる．「見る人」「売る人」の存在なくして，「見える」「売れる」という事態が成立することはありえない．この点に関しては，「見エル型」は「思ワレル型」に近く，「割レル型」とは異なる．

　しかしながら，意味的な面をより深く考察してみると，「思ワレル型」と「見エル型」では「自然発生的」ということの意味合いに，かなりの違いがあるように思われる．まず「知覚動詞」の「見える」「聞こえる」から検討してみよう．

　本居春庭は『詞通路』(1828) において動詞を6つのタイプに分類しているが，これによると「おもはるる」「いとはるる」などの「思ワレル型」の自発形は，第五段「おのつから然せらるる」として分類されている．これに対して「見ゆる」「きこゆる」は第一段「おのつから然る，みつから然する」として分類されている．そして第五段には「見らるる」「きかるる」という形が入れられているのである．春庭の第一段は，今日でいう非対格動詞と非能格動詞の両方を含むものであり，段として分けることこそしていないが，「おのつから／みつから」という表現でその相違を的確にとらえた興味深いものである．「見ゆる」「きこゆる」は，「き（切）るる」「を（折）るる」などとともに「おのつから然る」動詞として，第一段に含められているのである．

　「見える」の意味は，「見ようとしなくても自然に見てしまう，見る気になる，見ずにはいられない」というものではない．

「聞こえる」に関しても同様である．そのような意味にあたるのは，春庭が第五段に入れている「見らるる」「聞かるる」という形である．「見える」「聞こえる」においては，「知覚者」の「出来事（event）」に対するかかわり方は，さらに消極的，受動的である．ただ目をあけているだけで，映像は自然に目にとびこんでくるし，意図的に耳をふさぐことでもしない限り，音声も自然に耳に入ってくる．知覚動詞の場合には「人間」と「出来事」のこのようなかかわり方が可能なのである．「知覚者」の意図とは一切関わりなく「出来事」が成立する，ということが起こり得る．思考の動詞の場合にはそうはいかない．

　意味的にいって，「思ワレル型」の自発形は，「見える」「聞こえる」に比べて，他動性が高いということができる．このことは，古い時代には思考や感情を表す動詞ばかりではなく，主語として「動作主（agent）」をとる他動詞や自動詞も「思ワレル型」の自発形を形成していたことからもうかがえる．『詞通路』にも「にけらるる」「すすまるる」「しりそかるる」などの例がみられるし，(36)は森山（1988）が収録している『更級日記』からの例である．

(36)　ともかくもいふべき方も覚えぬままに…とや書かれにけむ（森山　1988）

8．語彙的アスペクト

　語彙的アスペクトの観点からいっても，「思ワレル型」と「割レル型」及び「見エル型」との間には興味深い相違がある．森山（1988:130）は「思ワレル型」の自発形をとり得る動詞を17ほど列挙しているが，「思う」「望む」「嘆く」「期待する」「急ぐ」など，これらのほとんどが Vendler（1957）/Van

Valin（1990）のいう state または activity である．わずかに「認める」「納得する」「思い出す」の3例が achievement であるにすぎない．一方，他動詞から「割レル型」を派生する過程は，"Inchoativization" であるということを，6.1.節において指摘した．したがって「割レル型」に対応する他動詞は accomplishment である．

「割レル型」に対応する他動詞は，「最終状態への移行」の概念を含む，完了的な性格のものである．これらの他動詞から "Inchoativization" の操作をうけて派生される「割レル型」は，この「移行」が「自然発生的」に起こるものとして記述するものである．

「思ワレル型」に対応する他動詞の大部分のものは，これとは全く異なる性質をもつものである．これらは「最終状態」の概念は含まない．これらの動詞が記述する内容は，時間に対して均質（homogeneous）である．

「見エル型」の場合はどうか．「見える」「聞こえる」は achievement である．そして「自発的」という意味特性も兼ね備えることから，「割れる」「折れる」などの inchoative predicate に非常に近い意味的特性を持つものであるといえる．つまり「見える」「聞こえる」は，「割レル型」の「拡大」としてとらえることが可能なのである．この点において日本語の「見える」「聞こえる」は，5.1.節でみたフランス語の知覚動詞の代名動詞，*se voir*, *s'entendre* と類似したステイタスにあるものといえる．

以上の考察をまとめると，「割レル型」と「見エル型」は連続線上にあるものであると考えられるのに対して，「思ワレル型」はかなり異なる特性をもつものであり，一線を画すべきも

のであるように思われる．

9．「売れる」,「知れる」

「売れる」「知れる」という,「見エル型」の他の例について考察してみたい．「売れる」は対照言語学的な見地からも興味深い例である．

(37)　Ce livre *se vend* bien.　（この本はよく売れる）

という文にみられる *se vendre* は，フランス語の受動的代名動詞の代表のように思われているものである．ところがこの *se vendre* にはいわゆる「アスペクト制約違反」（3節参照）といわれる例が多く，そのいずれもが容認可能性が高い．

(38)　Le dernière exemplaire de ce livre *s'est vendu* il y a une heure.
　　　　（Pinchon 1986）

(39)　Votre tableau *s'est vendu* hier soir.
　　　　（Zribi-Hertz 1982）

　se vendre に関しては，春木（1994）が興味深い分析を行なっている．「本が売れる」という「現象」は，たたきうりのようなごく特殊な場合を除いて，「売手」の積極的な行為によって引き起こされるものではない．店にならべておけば客が買っていく，というような，なかば自然発生的な性質のものなのである．このような点を考えれば，*se vendre* は受動的代名動詞ではなく，むしろ中立的代名動詞である，というのである（春木 1994: 41-43）．

　vendre という他動詞は「最終状態」を含意するものである．ただ，4節でみたように，「最終状態」を含意するということは，"Inchoativization" の必要条件ではあるが十分条件ではない．

自然発生的な生起が可能である，というもうひとつの条件をみたさねばならない．*assassiner* のような他動詞が中立的代名動詞を形成し得ないという事実はこのことを示している．*vendre*「売る」という概念は「売る人」なくして成立し得るものではない．しかしながら春木（1994）が指摘するように，この動詞はその意味的特殊性から，自然発生的な意味合いを持つことが可能なのである．こうして中立的代名動詞成立の二つの条件をみたすことになり，(38)，(39)のような文が許容されることになる．

　日本語の「売れる」に関しても，同様の説明が可能である．「最終状態」の含意と，「自発的」という意味特性をもつという，二つの条件をみたすため，inchoative predicate に準ずるものとして形態素 "-e-(ru)" をとるのである．

　「知れる」はどうか．
(40)　恋すてふわが名はまだきたちにけり人しれずこそ思ひそめしか

　　　（拾遺和歌集）

という歌にもみられるこの語は，かなり早い時期から四段他動詞に対応する下二段自動詞として存在していた．現代語では下一段化して「知れる」という形（終止形）になっている．

　「知れる」に対応する他動詞である「知る」は，achievement である．「知れる」の場合も，「見エル型」の他の例と同様，「最終状態」の含意と「自発性」という，二つの意味的特性をそなえているために，inchoative predicate に準ずるステイタスをもつことになるものと思われる．5.2.節でみた，フランス語の *se savoir* を複合過去においた(24)が全く問題なく受けいれられる文であるということを考えあわせても，興味深い例で

ある．

10. 結　語

　以上，フランス語の代名動詞と日本語の自発表現について，両者の比較を交えながら分析してきた．フランス語の中立的代名動詞と日本語の「割レル型」の自発表現は，ともに対応する他動詞から派生された inchoative predicate と考えることができる．そして従来「受動的代名動詞のアスペクト制約違反」の例とみなされてきた se voir 等と，「見エル型」の自発表現は，それぞれ中立的代名動詞，「割レル型」の拡大例であると考えることができる．特に achievement 型の拡大中立的代名動詞と，「見エル型」の自発表現は類似性が強い．拡大中立的代名動詞の中でも，許容度の高い se voir, s'entendre, se vendre, se savoir の四つが，いずれも日本語の「見エル型」の自発表現に対応する語を持つのも，この現象の普遍的な側面を示唆しているようで興味深い．

　一方，日本語の自発表現のもうひとつのタイプである「思ワレル型」は，これらとはかなり異なる性質をもつものであり，一線を画すべきものであるということができる．

[注]

インフォーマントは Claude LEVI ALVARES 氏, Catherine Vansintejan DIOT 氏, André KŒNIGUER 氏, Jean-Christian BOUVIER 氏にお願いした．心から御礼申し上げる．

1) Grimshaw (1982) は，語彙機能文法 (LFG; Lexical Functional Grammar) の枠でフランス語の代名動詞を分析している．LFG においては，各語彙項目の特性は，述語項構造 (predi-

第1章　フランス語の代名動詞と日本語の自発表現　　　33

cate argument structure）に，主語（SUBJ），目的語（OBJ）等の文法機能を付与した"lexical form"と呼ばれる形で記述される．これによると，受動的代名動詞，中立的代名動詞と対応する他動詞との関係は，それぞれ次の（i），（ii）のように表される．

(i)　a. vendre（他動詞）

　　　　'VENDRE（(SUBJ),（OBJ))'

　　b. se vendre（受動的代名動詞）

　　　　'VENDRE（ϕ,（SUBJ))'

　　　　（Grimshaw 1982：124）

(ii)　a. briser（他動詞）

　　　　'BRISERcause（(SUBJ),（OBJ))'

　　b. se briser（中立的代名動詞）

　　　　'BRISERinch（(SUBJ))'

　　　　（Grimshaw 1982：104）

(ib) と (iib) を比較すると，中立的代名動詞は完全に一項述語になっているのに，受動的代名動詞の方は二項述語にとどまっているという解釈を，Grimshaw（1982）もまた持っていることがわかる．受動的代名動詞の，動作主にあたる項に付与されている"ϕ"という記号は，「統語的には実現されないが，論理的には存在する項である」ということを示している．そしてこの項は，「量記号（quantifier）」によって束縛された変項として解釈される．Grimshaw（1982）の表記は，このような形で「受動的代名動詞の潜在的動作主」を表現しているわけである．

2）この記述方法は，Grimshaw（1982）に従うものである．

3）この問題は，理論的には「非対格／非能格」の対立に関係することともいえる．この点に関しては，本書第二章を参照されたい．

4）"inchoative verb（起動動詞）"というと，ふつう「動作・状態

の開始点に注意を向ける動詞」を指すものであるが，本稿でいう "inchoative predicate" はこのような一般的な意味のものではない． "causative predicate" との間に，⑽で表わされるような論理的関係を持つ predicate を指すものである．

5) 春木 (1994) も⒀のような例は中立的代名動詞である，としている．

6) Wagner (1977) は筆者は未見．この例文はFagan (1992) の引用による．

7) (25)を「可」とするのは Zribi-Hertz の判断である．筆者が尋ねた3人のインフォーマントは，いずれもこの文は「不可」とした．このことは，この文の容認可能性に関しては，インフォーマントの間でかなり違いがあることを示すものである．

[参考文献]

Boons, J.-P., Guillet, A., Leclère, C. (1976) : *La structure des phrases simples en français: constructions intransitives*, Droz, Genève.

Dowty, D. (1979) : *Word Meaning and Montague Grammar*, Reidel, Dordrecht.

Fagan, S. M. B. (1992) : *The Syntax and Semantics of Middle Constructions*, Cambridge University Press, Cambridge.

Fellbaum, C. and A. Zribi-Hertz (1989) : The Middle Construction in French and English : *A comparative Study of its Syntax and Semantics*, Indiana University Linguistics Club Publications, Bloomington, Indiana.

Grimshaw, J. (1982) : "On the Lexical Representation of Romance Reflexive Clitics", in J. Bresnan (ed), *The Mental*

Representation of Grammatical Relations, MIT Press, MA.

春木仁孝（1987）：「フランス語の中立的代名動詞と非人称受身」，『言語文化研究』13号，大阪大学言語文化部.

春木仁孝（1994）：「中立的代名動詞と受動的代名動詞」，『日仏語対照研究論集』，日仏語対照研究会.

Keyser, S. J. & Roeper, T.（1984）: "On the Middle and Ergative Coustructions in English", *Linguistic Inquiry* 15-3: 381-416.

森山卓郎（1988）：『日本語動詞述語文の研究』，明治書院.

本居春庭（1828）：『詞通路』（『詞の通路・上』（島田昌彦解説），勉誠社，1977）.

Pinchon（1986）: Morphosyntaxe du français, Hachette, Paris.

Ruwet, N.（1972）: *Théorie syntaxique et syntaxe du français*, Seuil, Paris.

Shibatani, M.（1985）: "Passives and Related Constructions : A Prototype Analysis", *Language* 61: 821-848.

寺村秀夫（1982）：『日本語のシンタクスと意味Ⅰ』，くろしお出版.

東郷雄二（1994）：「受動態と非人称の transitivity system ─日仏対照研究へ向けて─」，『日仏語対照研究論集』，日仏語対照研究会.

Van Valin, R. D.（1990）: "Semantic Parameters of Split Intransitivity", *Language* 66: 221-260.

Vendler, Z.（1957）: "Verbs and Times", *The Philosophical Review* 66 : 143-160.

Wagner, F.（1977）: *Untersuchungen zu Reflexivkonstruktionen im Deutschen*, Peter Lang, Frankfurt am Main.

Zribi-Hertz, A.（1982）: "La construction "se-moyen" du français et son statut dans le triangle moyen-passif-réfléchi", *Linguisticae Investigationes* 6 - 2 : 345-401.

［辞書］

田村毅他編『ロワイヤル仏和中辞典』, 旺文社, 1985.

第2章
フランス語の再帰/非再帰形自動詞と非対格性

1. はじめに

　他動詞の目的語が自動詞の主語にあたる，という形で対応する動詞を「転換動詞（verbe à renversement）」と呼ぶことにすると，その自動詞用法において再帰代名詞の *se* を伴うタイプ（ex. *Les vitres se sont brisés.*）と伴わないタイプ（ex. *Le linge a séché.*）があることがよく知られている．また *casser* のように両方の形を持つものもある（ex. *Le verre s'est la cassé.*）．ここでいう「再帰代名詞を伴うタイプの自動詞形」とは，前章で詳述した「中立的代名動詞」にあたるものである．

　自動詞用法において再帰代名詞を伴うか否かという問題に関しては，idiosyncrasique な問題としてとらえる研究者が多い．これに対してLothemberg（1974），Zribi-Hertz（1987）はこの相違は共時的な規則性において説明できるとする立場をとるものであり，注目に値する．

　一方，理論的な面においては，この問題は関係文法，生成文法の分野で注目を集めている「非対格性（inaccusativité）」の問題にかかわるものであるといえる．*fondre* や *brûler* 等は自動詞用法において非再帰形をとり，複合形の助動詞としては *avoir* を選択する．

(1) La neige a fondu.
(2) La maison a brûlé.

だがこれらの動詞は一般に非対格動詞として分類されるものなのである．助動詞として *avoir* / *être* のいずれを選択するかという問題は，非対格性の指標として最もよく知られるもののひとつである．すなわち非対格動詞は助動詞として *être* を選択し，非能格動詞は *avoir* を選択する．フランス語の場合，*arriver*, *venir* 等の非転換，すなわち対応する他動詞用法を持たないタイプの非対格動詞の場合は，*exister* 等の少数の例外を除いて，この原則に従っているといえる．ところが転換動詞の場合は，自動詞用法として再帰形をとる場合には *être* を選択するが，非再帰形をとる場合は大部分が *avoir* を選択する．この点，イタリア語とは大きく異なっている．

(3) Due navi nemiche *sono* affondate.
　　　'Two enemy ships have (essere) sunk.'
　　cf. L'artiglieria *ha* affondato due navi nemiche.
　　　'The artillery has (avere) sunk two enemy ships.'
　　　　（Burzio 1986）

このような事実を前に，助動詞としての *avoir* / *être* の選択は，フランス語においては非対格性の指標としてふさわしくない，と考えるのもひとつの結論であろう．しかしながら，逆に自動詞用法において *avoir* を助動詞として選択するものは，その「非対格性」において，何らかの問題があるのではないか，と考えることもできる．

　本稿においては，このような視点から再帰／非再帰形自動詞の問題を考察してみたい．

2. 語彙的アスペクト
2.1. 完了性
― **Zribi-Hertz（1987）による分析**―

　Zribi-Hertz（1987）は，転換動詞が自動詞用法において再帰形／非再帰形のいずれをとるかという問題に対して，共時的な規則性において説明し得る，という立場に立ち，彼女がCRE（construction réflexive ergative：再帰能格構文）と呼ぶ，再帰形自動詞を含む構文を派生させるための生産的なメカニズムを定式化した規則を提示している．このメカニズムにおいて，重要な役割を果たしている概念が「完了性」である．

　Zribi-Hertz は，再帰形自動詞と非再帰形自動詞（Zribi-Hertzの用語では，それぞれ「再帰能格動詞」と「非再帰能格動詞」）[1]を区別する特性は，アスペクトにおける相違である，とする．再帰能格動詞は完了的（perfectif）であり，非再帰能格動詞は未完了的（imperfectif）な傾向をもつのである．

　たとえば *couler* に関しては，(4)，(5)が示すように，*dans le moule* という「到達点（goal）」の意味役割をになう前置詞句を伴って完了的な意味を持つ場合にのみ，再帰能格構文は可能である．

(4)　a.　La cire coule.
　　　b.　*La cire se coule[2]．
(5)　a.　La cire coule dans le moule.
　　　b.　La cire se coule dans le moule[2]．

　また，(7)における *d'une nouvelle pelouse* という前置詞句は，変化の結果である最終状態を表すものであるため，これを含む文は完了的意味を持つものであるといえる．(6)，(7)が示すように，この前置詞句を含む場合には，再帰能格構文のみが許容

される．

(6) a. Le jardin a beaucoup embelli depuis l'hiver dernier.
　　b. Le jardin s'est beaucoup embelli depuis l'hiver dernier[2].
(7) a. *Le jardin a embelli d'une nouvelle pelouse.
　　b. Le jardin s'est embelli d'une nouvelle pelouse[2].

　荒井（1988）は Zribi-Hertz（1987）の主張する「完了性」の基準は，いくつかの点において再帰能格構文派生の要件として有効性に疑わしい面があるとして，これを規則から取り除くことを提案している．そして muer や couler 等の非再帰能格動詞は「非転換−能格動詞」であるとし，他動詞と派生関係で結ばれるか否かを再帰／非再帰能格動詞を分ける基準とする．
　（4a）における couler のような動詞を「非転換」動詞とみなす，という点においては，我々は荒井（1988）と一致する．（8a）が示すように，（4a）に対する他動詞文は非文である．

(8) a. *La secousse a coulé la cire.
　　b. La secousse a coulé la cire dans le moule[2].

ただ，再帰能格動詞を論ずる際，「完了性」はやはり排除することのできない概念であると思われる．couler のような動詞がどうして「非転換」，すなわち対応する他動詞を持たないのか，ということを考える必要がある．この点において「完了性」は重要な役割を果たす概念であると思われるのである．
　ところで Levin & Rappaport Hovav（1995）は，「運動の様態を表す動詞（verb of manner of motion）」と共に用いられた場合の «directional phrase（方向を表す句)» について次のような指摘をしている．

(9) a. The soldiers marched (to the tents).
　　b. The general marched the soldiers to the tents.

c. ??The general marched the soldiers.
(10)　a. The horse jumped (over the fence).
　　　b. The rider jumped the horse over the fence.
　　　c. ?The rider jumped the horse.
(11)　a. The mouse ran (through the maze).
　　　b. We ran the mouse through the maze.
　　　c. *We ran the mouse.

(9)－(11)が示すように，*march*, *jump*, *run* のような「運動の様態を表す動詞」は *to the tents* や *over the fence* のような directional phrase を伴う場合にのみ他動詞用法が可能である．この現象は Zribi-Hertz（1987）の指摘する *couler* の例と類似性をもっている．(8)が示すように，*couler* の場合にも *dans le moule* という方向を表す前置詞句を伴っている場合にのみ，他動詞用法が可能なのである．次節においては(9)-(11)のような現象に対する Levin & Rappaport Hovav の分析を詳しくみてみたい．それは本稿で検討しているフランス語の問題に対しても重要な示唆を与えるものと思われるからである．そしてこの問題は非対格性の問題につながっていくのである．

2.2. directional phrase の役割
　―Levin & Rappaport Hovav (1995) による運動動詞の分析―

　(9)－(11)のような現象に対する Levin & Rappaport Hovav (1995) の説明は次のようなものである．*march*, *jump*, *run* のような運動の様態を表す自動詞は基本的には非能格動詞である．しかしながら directional phrase を伴う場合には，これらの動詞は *arrive* や *come* 等と同様の「directed motion（方向付けられた運動）を表す動詞」となり，非対格動詞となるのである．

この点をもう少し詳しく説明すると次のようになる．Levin & Rappaport Hovav は，意味的な構造と統語的な構造とを結びつける「リンキング規則（linking rule）」として，«Immediate Cause Linking Rule», «Directed Change Linking Rule», «Existence Linking Rule», «Default Linking Rule» の4つを提案している．このうち «Immediate Cause Linking Rule» は次のような形で定式化されるものである．

(12) Immediate Cause Linking Rule
　　　The argument of a verb that denotes the immediate cause of the eventuality described by that verb is its external argument.
　　　（Levin & Rappaport Hovav 1995:135）

いわゆる「動作主（agent）」の役割を担うとされる項は，典型的な «immediate cause（直接的原因）» であるということができる．

さて *march* や *run* 等の運動の様態を表す動詞であるが，これらの動詞の唯一の項は「動作主」であり，immediate cause とみなされる．このため統語的には「外項（external argument）」の地位が与えられることになる．こうしてこれらの動詞は非能格動詞として分類されることになるのである．そしてこれらの動詞は他動詞用法も持ち得ない．なぜならば，そのような用法は二つの項に外項の地位を与えてしまうからである．（9c），(10c), (11c) の許容度が低いのはそのことを示している．

ところが (13a-c) のように directional phrase が付くと，事情は一変する．

(13) 　a. The soldiers marched *to the tents*.
　　　b. The horse jumped *over the fence*.

c. The mouse ran *through the maze.*

先に述べたように，Levin & Rappaport Hovav が提案するリンキングのシステムは4つの規則からなるが，そのうちのひとつ «Directed Change Linking Rule» は次のような形で定式化されるものである．

(14)　Directed Change Linking Rule
The argument of a verb that corresponds to the entity undergoing the directed change described by that verb is its direct internal argument.

　　（Levin & Rappaport Hovav 1995:146）

(13)のように方向を表す前置詞句を伴う場合，これらの運動動詞の唯一の項は「方向付けられた変化を受ける対象」と考えることができる．したがって Directed Change Linking Rule により，これらの動詞は非対格動詞であるということになる．しかしながら(13)においても，*the soldiers, the horse, the mouse* が動作主であることに変わりはない．となると，Immediate Cause Linking Rule は，これらの動詞を非能格動詞として分類することになる．このように複数のリンキング規則が異なった判断を示す場合，どちらの規則が優先的に適用されるかという，規則間の順位が問題になってくる．Levin & Rappaport Hovav は Directed Change Linking Rule は Immediate Cause Linking Rule に対して優先性を持つものとする．したがって(13)のように方向を表す句を伴う場合，march 等の運動動詞は非対格動詞としてのステイタスを持つことになる．

　Directed Change Linking Rule の優先性は，他の事実によっても裏付けられる．*arriver, venir* のような，Levin & Rappaport Hovav が «verb of inherently directed motion» と呼

ぶ動詞は，その主語が動作主と解釈され得るか否かにかかわりなく，常に非対格動詞としての特性（たとえば助動詞としての *être* の選択など）を示す．このことは，Directed Change Linking Rule が Immediate Cause Linking Rule に対して優先性を持つと考えることによって説明される．

運動の様態を表す自動詞が，directional phrase を伴う場合，非対格動詞として分類されるということは，次のような事実によっても確認される．

(15) a. Ugo *ha* corso meglio ieri.
    'Ugo ran better yesterday.'
  b. Ugo è corso a casa.
    'Ugo ran home.'
    （Rosen 1984）

イタリア語の *correre* は（15b）のように directional phrase を伴う場合には，助動詞として *essere* を選択するのである．

以上，運動の様態を表す自動詞は，directional phrase を伴う場合には非対格動詞となるということをみてきた．そうであるならば，(9b)，(10b)，(11b) のような他動詞文も問題なく許容されることになる． *the soldiers, the horse, the mouse* は直接的内項（direct internal argument）のステイタスをもつのであり，外項（external argument）の位置は空いている．外的原因（external cause）を表す名詞句を導入することに何の問題も生じない．

2.3. «directed change» と完了性

前節においてみた Levin & Rappaport Hovav (1995) の分析の中心となっている「方向づけられた変化（directed change）」

という概念は，「完了性」あるいは «telicity» といったアスペクト的概念と関連のあるものである．directed change を表す動詞の大部分のものは，Tenny（1994）のいう意味での «delimited event» であるといえる．たとえば（15b）における directional phrase である *a casa* は「到達点（goal）」の意味役割を担うものであり，delimiter として機能している．

抽象的な意味での directed change を表す動詞である *casser* のようなものも，*cassé* によって表される状態を「到達点」としてもつ delimited event である．

Levin & Rappaport Hovav も，1992年の論文において運動動詞（verb of motion）の分析を行なった際には，«directed change» という概念はまだ用いておらず，アスペクト的な面にむしろ注目している．

Levin & Rappaport Hovav（1995）は «telicity» ではなく «directed change» という概念に言及してリンキング規則を定めた理由を次のように説明している．«directed change» を表す動詞の大部分のものはアスペクト的には telic であるが，atelic のものも存在する．それには «atelic verb of change of state» と «atelic verb of inherently directed motion» の二つのタイプがあり，前者には *widen, cool* 等の «degree achievement verb» とも呼ばれるものが相当し，後者には *descend, rise* のような動詞が当たる．«atelic verb of change of state» が表現する事行は，*break* に代表される他の状態変化を表す動詞とは異なり，ある一定の指向性をもつ変化ではあるが，必ずしも最終状態に達すること（achievement of an end state）を含意しない．たとえば *A road widens*. という時，確かに道は「より広くなる」という方向で変化しているのであるが，その結果必ずしも客観的に

「広い」といえる状態になっている必要はない．一方，«atelic verb of inherently directed motion» に関しても同様のことがいえる．descend 等このタイプの動詞は，arrive に代表されるその他の «verb of inherently directed motion» とは異なり，一定の方向をめざす運動を表現しているのではあるが，必ずしも終局点に到達する必要はない．

(16) a. The plane descended for fifteen minutes.
　　 b. The plane descended at three o'clock.
　　　　（Levin & Rappaport Hovav 1995）

descend が（16b）のような「at＋時刻」だけでなく，（16a）のように「for＋時間」とも共起するということは，この動詞が atelic な用法を持つことを示している．

Levin & Rappaport Hovav（1995）はこれらの «directed change» を表す atelic な動詞は非対格動詞であるとし，それを裏付ける統語的な証拠をいくつかあげている．これらの動詞が非対格動詞であることを正しく予測するためには，リンキング規則は «telicity» ではなく，«directed change» の概念によって規定されねばならない，というのがLevin & Rappaport Hovav の主張である．

Levin & Rappaport Hovav（1995）がこれらの動詞の非対格性を示す証拠としてあげた現象の中に，イタリア語において，«atelic verb of inherently directed motion» は助動詞として essere を選択する，ということがある．フランス語の場合を考えてみても，これは頷けることである．

(17) L'avion est descendu pendant quinze minutes.

(17)はフランス語の descendre が atelic な用法においても，助動詞として être を選択することを示している．

ただ «atelic verb of change of state» の非対格性を示す証拠としては，Levin & Rappaport Hovav は，このタイプの動詞の大部分が「使役転換 (causative alternation)」と呼ぶ形での他動詞用法を持つということと，«X's way construction» と呼ばれる構文を許容しないことを指摘しているにすぎない．また助動詞の選択に関しても，少なくともフランス語においては，«atelic verb of change of state» は問題を含んでいる．このタイプの動詞は，*refroidir* のように，*avoir* を助動詞として選択する非再帰形自動詞と，*s'élargir* のように再帰形自動詞であり，助動詞として *être* を選択するものに分かれるのである．

いずれにしても，Levin & Rappaport Hovav (1995) がアスペクト的な概念ではなく，«directed change» という概念を採用したことの根拠としてあげた動詞は，数の上でも少数である．また，«atelic verb of change of state» に関しては，その非対格性を主張する論拠もそれほど強いものとは思われない．このことは，リンキング規則をアスペクト的概念によって規定する可能性がまだ残されている可能性を示唆する．本稿においてはこの二つの概念のどちらを採用するか，という問題はまだオープンにしておきたい．大部分の動詞に関しては，この二つの概念のいずれにおいて規則を設定しても，同じ結果を予測するのである．

2.4. *couler, glisser*

以上のような観点から例文(4), (5), (8)をみてみると，次のようにいうことができる．非再帰形自動詞の *couler* はアスペクトの面からいうと未完了的であり，Levin & Rappaport Hovav (1995) のいう «directed change» を表す動詞ではない．自動

詞 *couler* の表す事行は「内的原因」によって引き起こされるものであると考えられるため[3]，«Immediate Cause Linking Rule» により，この動詞の唯一の項には外項のステイタスが与えられる．つまり非再帰形自動詞の *couler* は非能格動詞なのである．

　一方，(4b)，(5b) が示すように，再帰形自動詞 *se couler* は *dans le moule* のような directional phrase を伴う場合にのみ可能である．*se couler* は «directed change» を表す動詞といえる．このため «Directed Change Linking Rule» が適用されて，非対格動詞として分類されるのである．他動詞 *couler* はこの *se couler* に対応するものとしてのみ許容される．

　同様の現象が *glisser* に関してもみとめられる．

(18) a. L'enfant a glissé.
　　　b. *L'enfant s'est glissé.
　　　c. L'enfant s'est glissé dans le lit.

(18b-c) が示すように，再帰形自動詞の *se glisser* は *dans le lit* のような directional phrase を伴う場合にのみ可能である．*glisser* /*se glisser* 間には「すべる－すべり込む」の意味の違いがある，ということもできる．他動詞用法が許容されるのは，«directional phrase» を伴い，「すべり込ませる」の意味を持つ場合のみである．「すべらせる」の意味での他動詞は許容されない．

(19) a. Paul a glissé une lettre sous la porte.
　　　b. *Paul a glissé l'enfant.

以上のことから，*glisser* に関しても，*couler* の場合と同様，非再帰形自動詞は非能格動詞であり，再帰形自動詞のみが非対格動詞として分類されることになる．

このように考えると，Zribi-Hertz（1987）の「非再帰能格動詞」という呼び方は，*couler* に関してはふさわしくないといえる．なぜならこの名称は，この動詞が非対格動詞であることを前提とするものだからである[4]．

3．内的原因／外的原因

fondre は状態変化を表す完了動詞でありながら，自動詞用法において非再帰形をとり，助動詞として *avoir* を選択するもののひとつである．

(20) a. La neige a fondu.
　　 b. *La neige s'est fondue.

「とける－とかす」という意味を表す転換動詞は多くの言語においてみられるが，自動詞形，他動詞形のどちらが形態的により基本的な形であるかという点になると，言語間において違いがみられることが指摘されている．多くの言語においては他動詞形がより基本的な形であり，自動詞は派生された形をとるが，逆のパターンをとる言語も少数ながら存在するというものである．Levin & Rappaport Hovav（1995）はこの事実に対して次のようにコメントしている．この相違は，当該の言語がこの動詞の表す概念を，外的原因（external cause）によるものとして捉えているか，それとも内的原因（internal cause）によるものとして捉えているか，ということによるのである．そして内的原因によるものとして捉えている言語においては，それを反映する現象として，自動詞用法における主語に対して次のような制限が課せられる．すなわち氷やアイスクリームといった室温でとけるような物質のみが自動詞用法の主語となりうる，というのである．(pp. 99-100)

内的原因による事行の代表的なものとしては，*speak* や *play* のような動作主を主語としてとるタイプの自動詞があげられる．しかしながら内的原因による事行がすべて動作主的（agentive）であるわけではない．その例として Levin & Rappaport Hovav（1995）が「放射動詞（verb of emission）」と呼ぶ，*clang, crackle, flash, glitter, reek, bubble* 等の一連の動詞があげられる．これらの動詞の主語は動作主ではない．しかしながらこれらの動詞が表す事行は，主語である項に内在する何らかの特性によって生ぜしめられている，ということができる．この意味において，これらの動詞も「内的原因」によって引き起こされるものであるといえるのである．また(21)にみられる *bloom* のような動詞も，内的原因によるものであるということができる．

(21)　The cactus bloomed.
　　　（Levin & Rappaport Hovav 1995）

　さて「とける」という概念は，外的原因によるものとも内的原因によるものとも捉えられ得る，というLevin & Rappaport Hovav の指摘は，興味深い示唆を含んでいる．フランス語もこの動詞を内的原因によるものとして捉えているように思われるのである．もちろんフランス語の自動詞 *fondre* の主語は室温でとける物質に限られるわけではない．Levin & Rappaport Hovav の指摘する選択制限は，内的原因による事行であるということを示すひとつの指標にはなるであろうが，必ずしも絶対的条件としてとらえるべきものではないと思われる．フランス語の *fondre* に関しては，それが内的原因によるものであることを示唆する，別の事実が存在するのである．

(22)　?*La chaleur a fondu la neige.

第2章　フランス語の再帰／非再帰形自動詞と非対格性

この文をインフォーマントに示したところ，許容できないという判断や，正しい文なのかもしれないが，普通こういう言い方はしない，という答えなど，一様に否定的な反応がかえってきた．このような場合には(23)のような使役構文を用いる，というのである．

(23)　La chaleur a fait fondre la neige.

　転換動詞の自動詞の使役文（N_0 faire V N_1）と，対応する他動詞の文（N_0 V N_1）がほぼ同義を表すということは，しばしば指摘されるところである．

(24)　a.　L'éclusier baisse le niveau.

　　　b.　L'éclusier fait baisser le niveau.

　　　　（Boons et al. 1976）

　だが，Ruwet (1972) および Boons et al. (1976) は，生成意味論的立場とは逆に，むしろこの二つの間の類似性より相違点に注目している．すなわち使役文 N_0 faire V N_1 の主語 N_0 は，他動詞文 N_0 V N_1 の主語に比べると，事行に対してより間接的な原因となっているというのである．そして逆に N_1 は，使役文における場合の方がより強い「自立性（activité indépendante）」をもつというのである．

　Ruwet (1972) は，*entrer, sortir, monter, descendre* のような運動動詞の場合には，[+humain] の特性をもつ名詞句は他動詞構文の目的語にはなれない，という選択制限が存在することを指摘している．一方，N_0 faire V N_1 の構文の方は，[+humain] の N_1 を問題なく許容する．

(25)　a.　Delphine a entré la voiture dans le garage.

　　　b.　*Delphine a entré les invités au salon.

(26)　a.　Delphine a fait entrer la voiture dans le garage.

b. Delphine a fait entrer les invités au salon.
　　　　（以上，Ruwet 1972）

また，逆に N_0 faire V N_1 が，[+inanimé] の N_1 を許容しない場合もある．

(27)　a. Roman a sorti la bouteille de vodka du frigidaire.
　　　b. *Roman a fait sortir la bouteille de vodka du frigidaire.
(28)　a. Fritz a monté les provisions de la cave.
　　　b. *Fritz a fait monter les provisions de la cave.
　　　　（Ibid.）

Ruwet によるこれらの指摘は，この二つの構文間にみとめられる上述の相違を裏付けるものとして興味深い．

　N_0 V N_1/N_0 faire V N_1 の構文間にこのような意味的相違があるのであれば，(22)-(23)の事実は，*fondre* が「内的原因」による事行であることを示唆するものであるということができる．内的原因による動詞の主語は，[+inanimé] であっても，外的起因者を導入する場合，比較的強い「自立性（activité indépendante）」を保つものと考えられる．そのため N_0 faire V N_1 の構文は許容するが，N_0 V N_1 の構文は許容しにくいのである．

　Rothemberg（1974）は再帰形自動詞/非再帰形自動詞の区別は，その事行が外的な原因によって引き起こされるのか，それとも主語に内在する性質によるものなのか，という相違を反映するものである，とする．Zribi-Hertz（1987）の CRE（再帰能格構文）派生の規則も，完了性に関する条件に加えて，CREが外在的原因を想定するものであることを示唆している．これらの指摘と本節の考察を考えあわせると，*fondre* が自動詞

用法において非再帰形をとるのは，この動詞が内的原因による事行を表すものだからということができる．

非対格性に関していえば, *fondre* は «directed change» を表すものであるといえる．2.2.節でみたように，«Directed Change Linking Rule» は «Immediate Cause Linking Rule» に対して優先性を持つものであるから，Levin & Rappaport Hovav（1995）のシステムに従えば，内的原因による動詞であることは *fondre* の非対格性を妨げるものではない．ただ, *speak* のような動作主を主語として持つ動詞はもちろん, *glitter* のような放射動詞も含めて，内的原因による自動詞の多くが非能格動詞であることを考えると，やはりプロトタイプ的な非対格動詞からは逸脱するものではないか，と思われる．

4. *sécher, brûler*

sécher, brûler も自動詞用法において非再帰形をとる．

(29) a. Le linge a séché.

　　 b. *Le linge s'est séché.

(30) a. La maison a brûlé.

　　 b. *La maison s'est brûlée.

この二つの動詞に関して興味深い点は，完了的意味と未完了的意味の両方を持ち得る，ということである．

(31)　Tout le linge a séché en deux heures.

(31)は完了的意味を表す例である．一方 *sécher* は次のような場合にも用いられる．

(32)　Des couvertures *séchaient* sur le sol, un cheval plongeait ses pattes dans l'eau, et sur le fleuve des navigateurs déplaçaient de lourdes pirogues taillées dans des troncs

d'arbres.
(Halévy, *L'enfant et l'étoile*, p. 36)

(32)は「毛布が干されていた」という意味になり，未完了的用法であるといえる．これは *sécher* と日本語の「乾く」の相違を表しているという点においても興味深い．「毛布が乾いていた」というと毛布は乾いてしまっていることになる．日本語の「乾く」は *sécher* とは違い，完了的意味しか持たないのである．

brûler に関しては，次の(33)は完了的意味，(34)は未完了的意味を表す用法である．

(33) Toute la forêt a brûlé en deux jours.
(34) La forêt a brûlé pendant deux jours.

5．結　語

以上，「非対格性」の問題と関連付けながら，フランス語の再帰／非再帰形自動詞に関して考察してきた．2節でみた非再帰形自動詞の *couler* は，非能格動詞として分類されるべきものであった．*fondre* は非対格動詞として分類できるかもしれないが，内的原因による事行という点でプロトタイプ的非対格動詞からは逸脱する特徴を有するものであった．*sécher, brûler* の非対格性に関しては，これから検討する余地のあることであると思われるが，いずれにしても，この二つの動詞が未完了的意味を持ち得るということは，やはりプロトタイプ的な非対格動詞からは逸脱するものであることを示すものと思われる．

このような点を考慮すると，助動詞として *avoir/être* のいずれを選択するかという問題は，フランス語においても，非対格性を論ずる上でやはり非常に重要な意味をもつものであるといえる．

第2章 フランス語の再帰/非再帰形自動詞と非対格性　　55

[注]

インフォーマントは Claude LEVI ALVARES 氏，André KŒNIGUER 氏，Jean-Christian Bouvier 氏，Bêatrix de LAMBERTYE 氏にお願いした．心より御礼申し上げる．

1) 再帰形自動詞がすべて，Zribi-Hertz (1987) のいう「再帰能格動詞」であるわけではない．

(i)　Les soldats se sont réunis.

(ii)　Le brouillard s'est dissipé.

　　(以上 Ruwet 1972)

(i), (ii) はともに Ruwet (1972) が「中立的代名動詞」と呼ぶものの例であるが，Zribi-Hertz はこのうち (ii) はCREであるが，(i) はCREではない，とする．(i) の主語は動作主と考えられるという点，そして (iii) が示すように *sous l'effet de* や *peu à peu* のような表現と共起しないという点においてZribi-Hertzが示すCREの特性を満たしていないというのである．

(iii)　a.　?*Les soldats se sont réunis peu à peu sous l'effet des grenades.

　　　b.　?*Les soldats allaient se réunissant peu à peu.

　　　　(Zribi-Hertz 1987)

2) 以下，例文(4)-(8)は Zribi-Hertz (1987) による．

3)「内的原因」という概念に関しては，本稿3節を参照のこと．

4) もともと関係文法で提唱された「非対格動詞/非能格動詞」の用語で表される対立を，GB理論に組み込む際，Burzio は「能格動詞/自動詞」という用語によって表している．Zribi-Hertz (1987) はこの Burzio の用語を採用している．したがって彼女が「能格動詞」と言う場合，これは「非対格動詞」を指すことになる．

[参考文献]

荒井文雄（1988）:「中立代名動詞の派生について」,『フランス語学研究』第22号. 日本フランス語学研究会.

Boons, J.-P., Guillet, A., Leclère, C. (1976) : *La structure des phrases simples en français : constructions intransitives*, Droz, Genève.

Burzio, L. (1986) : *Italian Syntax*, Reidel, Dordrecht.

Levin, B. & Rappaport Hovav, M. (1992) : "The Lexical Semantics of Verbs of Motion: the Perspective from Unaccusativity", in I.M. Roca (ed), *Thematic Structure: Its Role in Grammar*, Foris, Berlin.

Levin, B. & Rappaport Hovav, M. (1995) : *Unaccusativity*, MIT Press, Cambridge, MA.

Rosen, C.G. (1984) : "The Interface between Semantic Roles and Initial Grammatical Relations", in D.M. Perlmutter & C.G. Rosen (eds), *Studies in Relational Grammar 2*, University of Chicago Press, Chicago.

Rothemberg, M. (1974) : *Les verbes à la fois transitifs et intransitifs en français contemporain*, Mouton, La Haye.

Ruwet, N. (1972) : *Théorie syntaxique et syntaxe du français*, Seuil, Paris.

Tenny, C.L. (1994) : *Aspectual Roles and the Syntax-Semantics Interface*, Kluwer, Dordrecht.

Zribi-Hertz, A. (1987) : "La réflexivité ergative en français moderne", Le Français Moderne55, N⁰1/2.

[**例文出典**]

Halévy, D., *L'enfant et l'étoile*, 第三書房, 1987.

第3章
フランス語の再帰的代名動詞と中立的代名動詞

1. はじめに

　フランス語の代名動詞には多様な用法がみとめられ，伝統文法においてはこれらを「再帰的代名動詞」，「相互的代名動詞」，「受動的代名動詞」，「本質的代名動詞」などの名称で表している．近年の研究においてはこれらの用法のうち，他動詞との規則的な対応関係にあるものを，次の二つのタイプに大別する考え方がほぼ主流となっている．
（Ⅰ）代名動詞の主語が，対応する他動詞の主語にあたるもの
（Ⅱ）代名動詞の主語が，対応する他動詞の直接目的語にあたるもの
（Ⅰ）のタイプに属するのは，「再帰的代名動詞」と「相互的代名動詞」である．一方（Ⅱ）のタイプとして分類されるものは，「受動的代名動詞」と「中立的代名動詞」である．「中立的代名動詞」は，*briser-se briser, allumer-s'allumer* 等，対応する他動詞とペアをなす自動詞とみなしうるものである．
　以下にこれらの用法の例をあげておく．
＜タイプⅠ＞
(1)　Elle se regarde dans la glace. （再帰的代名動詞）
(2)　Ils se battent l'un l'autre. （相互的代名動詞）

＜タイプⅡ＞
(3) Ce livre se vend bien. （受動的代名動詞）
(4) Le verre s'est cassé. （中立的代名動詞）

　ところで，フランス語における代名動詞のさまざまな用例を検討していると，必ずしもこの二つのタイプの間の境界は截然としたものではないのではないか，と思われてくることが多々ある．特に再帰的用法と中立的用法の間の境界は微妙である．たとえば *se coucher* をどう分析するのか．Grimshaw (1982) は生成文法の系統の一理論である「語彙機能文法（Lexical Functional Grammar）」によって代名動詞を分析しているが，*se coucher* は中立的代名動詞に相当する «Intrinsic Clitic» の例とみなし，«Reflexive Clitic» とは区別している．だが *se coucher* は一般的には再帰的代名動詞として分類されることが多い．本稿においては，*se coucher* に代表される，「姿勢に関する動詞」と，*se diriger* のような「移動を表す動詞」に特に注目しながら，再帰的代名動詞と中立的代名動詞について考察していきたい．

2．中立的代名動詞の特性

　本節においては，中立的代名動詞の諸特性とみなされるもののうち，再帰的代名動詞との関係を論ずるにあたって関与的と思われるものを簡単にまとめ，3節以下の具体的な分析にそなえたい．

2.1．動作主性（agentivité）

　中立的代名動詞を再帰的代名動詞から区別する特性としてしばしば指摘されるものに，主語の意味役割に関するものがある．再帰的代名動詞の構文の主語は，対応する他動詞の主語と同じ

意味役割を担っており，多くの場合「動作主（agent）」である．これに対して中立的代名動詞の主語が担う意味役割は，他動詞構文の直接目的語のそれと同じであり，「被動者（patient）」あるいは「主題（theme）」ということができる．

　この相違は，「選択制限（restrictions de sélection）」の相違としてあらわれる．

(5) a. $\left\{\begin{array}{l}\text{Juliette}\\ \text{*la sincérité}\end{array}\right\}$ se lave

 b. $\left\{\begin{array}{l}\text{Juliette}\\ \text{*la sincérité}\end{array}\right\}$ lave $\left\{\begin{array}{l}\text{Émile}\\ \text{les enfants}\\ \text{sa nouvelle voiture de sport}\end{array}\right\}$

(6) a. $\left\{\begin{array}{l}\text{la glace}\\ \text{*l'eau}\end{array}\right\}$ s'est brisée

 b. Pierre a brisé $\left\{\begin{array}{l}\text{la glace}\\ \text{*l'eau}\end{array}\right\}$

　　　（以上，Ruwet 1972）

(5)が示すように，再帰的代名動詞の主語は対応する他動詞構文の主語と同じ選択制限を受けるのに対し，(6)にみられるように中立的代名動詞の主語は他動詞構文の直接目的語と同じ選択制限を受ける．

2.2. 語彙的アスペクト

　フランス語の転換動詞（verbes à renversement；自動詞構文の主語が他動詞構文の目的語と同一である，という特性をもつ動詞）には再帰代名詞をともなうもの（すなわち「中立的代名動詞」；ex. *se briser*）と，再帰代名詞をともなわないもの（ex. *fondre*）があるが，Zribi-Hertz（1987）はこの二つを区別す

る重要な特性として，アスペクトの相違を指摘する．中立的代名動詞は「完了的（perfectif）」であるのに対して，非再帰形は「未完了的 （imperfectif）」であることが多い，というのである．

　Levin & Rappaport Hovav（1995）は，完了性に近い概念である「方向付けられた変化（directed change）」を表すという特性を，「非対格性 （unaccusativity）」の重要な指標としてとらえている．たとえば非対格動詞の代表的な例とみなされる *arriver* は，到達点に向かって「方向付けられた」空間的変化を表す動詞である．また *se briser* は *brisé* という過去分詞で表し得る最終状態に向かって「方向付けられた」状態変化を表すものであるといえる．Levin & Rappaport Hovavは「方向付けられた変化」という概念は，«telicity» というようなアスペクト的概念とは異なる，としているが，少数の例外はあるものの[1]，「方向付けられた変化を表す動詞」の大部分はアスペクト的にも完了的であるといえる．次節で示すように，中立的代名動詞は一般に非対格動詞とみなされることを考えれば，この特性もやはり，中立的代名動詞を特徴付けるものであるといえる[2]．

2.3．中立的代名動詞と非対格仮説

　近年の生成文法の系統の理論による代名動詞分析においては，中立的代名動詞を非対格動詞とみなす点において，ほぼ見解が一致している．たとえばZribi-Hertz（1987）は *se briser, se rouiller* のような中立的代名動詞の構文を「再帰能格構文 (construction réflexive ergative)」と呼び，非対格動詞とみなしている．また Legendre（1989）はフランス語の非対格動詞に関する論文であるが，この中では *arriver* や *fondre* のような

非再帰形のものと，*se casser* のような再帰形のものが共に分析の対象となっており，興味深い．

2.1., 2.2. 節でみた中立的代名動詞の二つの特性，すなわち主語名詞句が非動作主であるという特性および語彙的アスペクトに関する特性は，いずれも一般的に非対格動詞の特性とみなされるものである．

3．姿勢に関する動詞

本節では *se lever, se coucher, s'incliner, s'asseoir* 等の代名動詞を検討したい．これらのような概念を表す動詞は，研究者によってさまざまの名称で呼ばれている．Levin & Rappaport Hovav (1995) は，「空間的配置の動詞（verb of spatial configuration）」と呼び，Kemmer (1994) は「姿勢の変化（change in body posture）を表す動詞」と呼ぶ．また Melis (1990) はこれらの代名動詞と，本稿4節で検討する *se diriger* のような「移動」の概念を含む代名動詞をあわせて，«verbe dynamique» と呼ぶ．

本稿においては，*se lever, s'incliner* 等を「姿勢に関する動詞」と呼ぶことにしたい．*se diriger* のようなタイプの動詞は，「移動を表す動詞」として4節であらためて検討する．Kemmer の「姿勢の変化を表す動詞」という名称をそのまま採用しないのは，以下で検討するように，必ずしも「変化」を表すものばかりではなく，「状態」を表すものもあるからである．

3.1. *se lever, se coucher*

出発点として，(7), (8) にみられるような，*se lever, se coucher* の二つの代名動詞を考えてみよう．

(7)　Paul s'est levé tôt ce matin.

(8) Marie se couche tard.

　Grimshaw (1982) は，*se coucher* を，*se briser* や *s'endormir* とともに，本質的代名動詞といわれるものの中でも，他動詞との間に «causative-inchoative» の生産的 (productive) な関係をもつグループに属するものとして位置付けている．Grimshaw はこのタイプの代名動詞を，「起動化規則 (Inchoativization)」によって対応する他動詞から派生される自動詞とみなす．

　語彙的アスペクトの観点からいえば，これらの代名動詞によって記述される「出来事 (event)」は，*levé* や *couché* の過去分詞で表し得るような「最終状態 (état final)」への移行であり，完了的であるということができる．このように *se lever, se coucher* は，*se briser* のような典型的中立的代名動詞とかなり共通する点をもっているといえる．

　しかしながら，主語のもつ意味役割という面からみれば，少なくとも(7), (8)のような文における *se lever, se coucher* の主語は，*se briser* 等のそれとは異なり，「動作主 (agent)」であるといえる．この点ではむしろ *se regarder* のような再帰的代名動詞と共通している．

　このように *se lever, se coucher* は中立的代名動詞と再帰的代名動詞の両方の特性を兼ね備えているといえる．

3.2．*s'incliner, se pencher*

　次に *s'incliner* を検討してみよう．(9)のような例をみると，この代名動詞もまた，対応する他動詞に対する自動詞とみなすことができるのではないかという印象を受ける．

(9)　a. incliner une tige

第3章　フランス語の再帰的代名動詞と中立的代名動詞　　65

　　b. La tige s'incline vers le sol.
　　　（以上，Rothemberg 1974）
　だが語彙的アスペクトの点からいうと，*s'incliner* は「傾く」という完了的な意味にも用いられ得るが，(10)のように「状態 (state)」を表すことも多い．この点において *se briser, s'allumer* 等の典型的中立的代名動詞と異なる．
(10)　a. chemin qui s'incline en pente douce
　　　　（*Le Petit Robert* 1）
　　b. Le mur s'incline dangereusement.
　　　　（*Lexis*）
　「動作主性（agentivité）」に関してはどうだろうか．(10)の *chemin, Le mur* はいずれも動作主とはみなし難い．だが(11)の *Il* は明らかに動作主である．
(11)　Il s'incline devant la maîtresse de maison.
　　　（Melis 1990）
　Melis（1990）は，この文は(12)のような身体の部分を表す名詞を直接目的語とする文とほぼ同義であるとし，(13)のような用法との接近を示唆する．
(12)　Il incline la tête devant la maîtresse de maison.
(13)　Elle se coiffe.
　　　　cf. Elle coiffe ses cheveux en chignon.
　　　（以上，Melis 1990）
　Melis は *se coiffer, se peigner, se maquiller, se raser, se moucher* 等の「身体の手入れ（soins corporels）」を表す代名動詞の用法を，「換喩的用法（emploi métonimique）」と呼んでいる．これらの代名動詞の構文においては，主語名詞句と再帰代名詞の間に厳密な意味での同一指示関係は成立しておらず，再帰代名詞の

指示対象は主語名詞句のそれの身体の一部にあたるものだからである．したがって(13)にみられる *se coiffer* は，*coiffer ses cheveux* といった身体の一部を表す名詞を直接目的語とした表現とほぼ同義になるのである[3]．例文(11)も例文(12)とほぼ同義であるということができるのであれば，*s'incliner* も「換喩的用法」に含めることができるようにも思われる．だが一方において，(10a-b)のように無生物を主語とする場合は，「換喩的用法」とみなすことはできない．

s'incliner に近い意味をもつ *se pencher* の場合，代名動詞形は「傾いている」という「状態 (state)」の意味では用いられない．この意味は再帰代名詞をともなわない自動詞形の *pencher* で表される．

(14)　a.　Le mur penche dangereusement.

　　　b.　*Le mur se penche dangereusement.

(15)　a.　Cette tour penche un peu.

　　　b.　*Cette tour se penche un peu.

「動作主性」の面からいえば，*se pencher* は多くの場合，「人間」を主語とする．

(16)　Marie s'est penchée sur le livre.

(17)　Elle se pencha sur le bout de journal.

　　　（Escarpi, *La ronde caraïbe*, p. 19）

se pencher に，人間以外の主語をとる用法がないわけではない．

(18)　Les cyprès se penchent sous la tempête.

　　　　（ロワイヤル仏和中辞典）

(19)　La grande flamme se pencha dans toute sa hauteur vers le mur du fond.

(Ramuz, 収録 Trésor de la langue française, Tome 12)
ただ(18)は嵐の中，たなびいてはやや持ち直すというのを繰り返す糸杉の描写であり，人間が身をかがめる様を模した擬人的なニュアンスを感じさせる．(19)も，単に無生のものがその空間的位置を変えるというのとは異なる，動的な印象，「動作主性」に近いものを感じさせる．

3.3. 非対格性

「姿勢に関する動詞」を，非対格性の面から考えてみよう．Levin & Rappaport Hovav (1995) は，「座る」,「立つ」等の意味をもつ動詞を「空間的配置の動詞（verb of spatial configuration)」と呼び，«assume position verb», «maintain position verb», «simple position verb» の三つの下位クラスに分類されるものとする．(7), (8)のような文にみられる *se lever, se coucher* は，«assume position verb» であるということができる．Levin & Rappaport Hovav によると，«assume position verb» は，「方向付けられた変化」（本稿2.2.節参照）を表すものであり，非対格動詞とみなされる．(20), (21)の *s'asseoir, se dresser* も同様に «assume position verb» であり，非対格動詞ということができる．

(20)　Elle s'assoit sur la chaise.

(21)　Elle s'est dressée sur son lit.

s'asseoir は Legendre (1989) の分析においても，かなり非対格性の高いものとして示されている[4]．

　同じ *se dresser* でも，次のような例はどうだろうか．

(22)　tour qui se dresse sur la colline
　　　（新スタンダード仏和辞典）

この場合, *se dresser* は「変化」を表すものではなく,「状態 (state)」を表すものである. (22)の *se dresser* は, Levin & Rappaport Hovav (1995) のいう «simple position verb» であるといえる. このタイプの動詞は, *exister* や(23)のような文における *rester* のような「存在」を表す動詞と意味的に近いものである.

(23)　Il reste encore du lait dans le frigidaire.

Levin & Rappaport Hovavによると, «simple position verb» は, *exister, rester* 等とともに, «existential linking rule» により, 非対格構文をとる. したがって(22)の *se dresser* も非対格動詞である, ということになる.

それでは *s'incliner, se pencher* はどうだろうか. このタイプの動詞については, 完了的な意味の場合と, 未完了的な意味の場合を区別して考える必要がある. まず, 完了的な意味の例であるが,

(24)　La tige s'incline vers le sol.　(=(9 b))
　　　（Rothemberg 1974）

(24)のような文にみられる *s'incliner* は, 非対格動詞とみなし得るであろう. Levin & Rappaport Hovav (1995) のいう「方向付けられた変化」を表すものだからである.

(25)　Marie s'est penchée sur le livre.

se pencher の場合, 3.2.節で指摘したように主語に動作主性が強く感じられることを考えると, 一項述語である非対格動詞とみなしてよいのか, むしろMelis (1990) のいう「換喩的用法 (emploi métonimique)」なのではないだろうか, という疑問が起こる. ただ, *s'asseoir* を非対格動詞とみなすならば, *se pencher* もまた非対格動詞と考えられないこともない. この点

第3章　フランス語の再帰的代名動詞と中立的代名動詞　　69

に関しては，6節においてまた検討する．
　次に未完了的な意味をもつ場合を考えてみよう．
(26)　Le mur s'incline dangereusement.　　（=(10b)）
　　　（*Lexis*）
(26)のような文における *s'incliner* は，未完了的な「状態」を表すものであり，「方向付けられた変化」を表すものではない．Levin & Rappaport Hovav (1995) はこのような意味の場合，(22)の *se dresser* と同じタイプの «simple position verb» とみなす．したがって «existential linking rule» によって非対格動詞として分類されることになる．

4．移動を表す動詞

　フランス語の代名動詞には，主語名詞句の「空間的移動」を表すものがかなりみられる．*se diriger, s'introduire, se rendre* 等がその例である．
(27)　Il s'est dirigé vers moi.
　　　（新スタンダード仏和辞典）
(28)　Le voleur s'est introduit dans la maison.
(29)　Elle s'est rendue à la gare.
次の(30)のような例をみると，このタイプの代名動詞も，中立的代名動詞と同様に，対応する他動詞との間に「使役交替（causative alternation）」の関係をもつものであるかのような印象を受ける．「対象の空間的移動を引き起こす－空間的に移動する」という概念を，その意味の内に含む「他動詞－自動詞」のペアとみなすことができるからである．
(30)　a.　On dirige le bateau vers le port.
　　　b.　Le bateau se dirige vers le port.

だが *s'introduire* の場合は，代名動詞形の主語は有生のものに限られる．

(31) a. On a introduit l'invité dans le salon.
    b. L'invité s'est introduit dans le salon.

(32) a. On a introduit la clef dans la serrure.
    b. *La clef s'est introduite dans la serrure.

la voiture のように，自ら動くという性質をもつものでさえ，*s'introduire* の主語にはなれない．

(33) a. On a introduit la voiture dans le garage.
    b. *La voiture s'est introduite dans le garage.

「有生のものに限られる」という条件は，他動詞 *introduire* の主語においてもみとめられるものである．したがって *s'introduire* の主語は，対応する他動詞構文の直接目的語とではなく，主語と同じ選択制限を受けているということができる．2.1.節でみたように，これは中立的代名動詞ではなく，再帰的代名動詞の特性である．

語彙的アスペクトの観点からはどうだろうか．

(34) Paul se dirigeait vers le guichet.

(34)のような文に，継続相としての解釈が可能であることにもあらわれているように，*se diriger* は未完了的であり，Vendler (1957) のいう «action» であるということができる．

「移動を表す動詞」に関しては，6節においてさらに詳しく検討する．

5．類型論的考察

Kemmer (1994) は，「再帰」という名称で一括してとらえられがちな「状況 (situation)」を，「中動 (middle situation)」

と「再帰（reflexive situation）」の二つに区別する．フランス語でいえば，(35)が「中動」，(36)が「再帰」の例である．

(35) Paul se lave.

(36) Paul se regarde dans la glace.

　フランス語においては，「中動」も「再帰」も同じ *se* という「標識（marker）」で表されるため，この二つの区別はとらえにくいが，ラテン語やロシア語などではそれぞれ別の標識によって表される．たとえばラテン語においては「中動標識（middle marker）」は動詞接尾辞の *-r* であるのに対して，「再帰標識（reflexive marker）」は代名詞の *se* である．ロシア語では中動標識は *-sja*，再帰標識は *sebja* である．Kemmer はフランス語やドイツ語，あるいは北米先住民の言語であるモハーヴィ語（Mohave）等にみられるような再帰・中動が同じ標識で表される言語を «one-form language»，ラテン語やロシア語のように異なる標識をもつ言語を «two-form language» と呼ぶ．«two-form language» にはこの他，古典ギリシア語，サンスクリット，トルコ語，ハンガリー語等が含まれる（Kemmer 1994: 188-190）．

　再帰と中動の間に意味的に一線が引かれるという考え方，そしてその区別を文法的に実現する言語が数多く存在するという事実は非常に興味深い．再帰も中動も，「出来事（event）」にかかわる二つの「関与者（participant）」が同一の「存在（entity）」である，という点においては共通している．だが動詞の意味内容により，この同一指示が単なる偶然にすぎないものと，かなりの確率で予想されるものがある．「洗う」という行為はかなりしばしば，自らを対象として行なわれる．「(髭を)剃る」という行為になると，さらにその可能性は高いであろう．

これらの「身体の手入れ」にかかわる行為は，Kemmer (1994) によると，多くの言語で中動標識をともなって表現される．これに対して「見る」というような行為は，自らを対象とすることもあり得るが，他者に向けられる方がより一般的な事例といえるだろう．このような動詞に対しては，再帰標識が用いられる．

「姿勢の変化を表す動詞」,「移動を表す動詞」に関しても，Kemmer (1994) は多くの言語において中動標識をともなって実現される，と指摘する．Kemmerはこれらの動詞を「身体の手入れ」を表す動詞とともに，«body action verb» と呼ぶ．«body action verb» は，一般に有生の主体によって自らに向けられる行為である，という社会的・慣習的な通念が存在するがゆえに，ひとつの «natural class» をなすものと考え得るのである．このため，他者に向けられるのを常とする一般の二項述語とは異なった文法的ふるまいをみせるのも，当然のことと考えられるのである．

Kemmer (1994) は再帰，中動はともに他動詞構文と自動詞構文の間に位置するものと考え，(37)に示す «Degree of Distinguishability of Participants» のスケールの上に並ぶものとする．

(37) Two-participant   Reflexive   Middle   One-participant
      Event   Event

+ ——————————————————————————— −

        Degree of Distinguishability of Participants
        (Kemmer 1994: 209)

6. 再帰的代名動詞と中立的代名動詞

以上,「姿勢に関する動詞」と「移動を表す動詞」に注目しながら,再帰的代名動詞と中立的代名動詞の問題を考察してきた.この二つのタイプの動詞は,再帰的代名動詞と中立的代名動詞の両方の性質を兼ね備えたものであるといえる. 5節でみたように,Kemmer (1994)は「姿勢の変化を表す動詞」と「移動を表す動詞」をともに「中動 (middle situation)」とみなし,意味的にいって「再帰 (reflexive situation)」と純粋な一項述語 (one participant event) の中間に位置するものであると考える.

Melis (1990) は再帰的代名動詞と相互的代名動詞を «tour subjectif»,中立的代名動詞と伝統文法でいう受動的代名動詞を «tour objectif» と呼ぶが,この二つは連続的なものであり,境界例が多く存在することを指摘する.

Melis (1990) の分析においては,se diriger を s'éparpiller, se répandre 等とともに «verbe dynamique» として分類し,«tour subjectif» と «tour objectif» の境界的な例であるとしている. se diriger に関しては4節でみた.s'éparpiller, se répandre に関しては,Melis は次の例をあげている.

(38) a. Les billes s'éparpillent.

b. La poussière se répand partout.

(39) a. Les enfants s'éparpillent.

b. La foule se répand dans toutes les pièces du palais.

  (以上,Melis 1990: 78)

対応する他動詞の直接目的語が代名動詞の主語になっている,という点においては中立的代名動詞と共通しているが,s'éparpiller, se répandre は(39)のように,「動作主」とみなし得

る，有生の主語をとることも可能である．

たしかにこの三つが境界的な事例，もっと具体的にいうならば再帰的代名動詞と中立的代名動詞の中間的なステイタスにあるということに関しては異論はない．ただ，一口に「境界例」といっても，*se diriger* と，*s'éparpiller, se répandre* ではかなり性質が違うものであるように思われる．それはまず，語彙的アスペクトにおける相違である．

(40) Les billes sont éparpillées.
(41) Les papiers sont répandus sur le plancher.

動作主表現をともなわない受動文にした場合，*être éparpillé*, *être répandu* は(40)，(41)のように，動作の結果の「状態」を表し得る．これに対して *être dirigé* は(42)にみられるように，現在進行中の動作としての受動の意味を表すのみである[5]．

(42) Le bateau est dirigé vers le port.

このことが示すように，*se diriger* は未完了的な動作を表すものであり，Vendler (1957) のアスペクトの4分類に従えば «activity» にあたるものである．これに対して *s'éparpiller* や *se répandre*，あるいは *se réunir* 等は完了的であり，Vendler のいう «achievement» である．*se diriger* は「動作」そのものにスポットライトをあてる動詞であるのに対して，*s'éparpiller* や *se réunir* 等は，「動作」よりむしろ，その結果到達する「状態」に意味的重点がおかれる動詞であるといえる．

主語名詞句の動作主性に関しても，*se diriger* と *s'éparpiller* 等は異なる．*Trésor de la langue française* は *se diriger* の主語に関して «Le sujet désigne un être vivant, un objet ou un corps mobile» と指摘している．つまり *se diriger* の主語は有生物あるいは，無生物であっても自ら動くという性質をもつもの (*le bateau* などがこれにあたる）に限られるのである．「移動を表す動詞」として4節において *se diriger* とともに検討した *s'introduire* になるとさらにこの条件は厳しくなる．(43)が示すように，*la voiture* のような名詞句も *s'introduire* の主語となることはできない．

(43)　*La voiture s'est introduite dans le garage．（=(33b)）

これに対して，*s'éparpiller, se répandre* では，無生物も全く問題なく主語として受け入れられる．

　s'éparpiller, se répandre 等の場合，*éparpillé, répandu* という過去分詞で表し得る最終状態へ移行する対象としては，有生，無生を問わずさまざまな可能性がある．(39a-b)は，たまたまその対象が人間であった例にすぎない．そして対象が人間である場合，「散らばる」という状態になるためには，通常の場合，自分の足で移動することになる．このため「動作主性（agentivité）」が付随してくるのである．このように考えると，(39a-b)のような文において *s'éparpiller, se répandre* の主語名詞句が担っている「動作主」の意味役割は，まさにKeyser & Roeper (1984)のいう「二次的動作主（secondary agent）」であるということができる．

　se diriger や *s'introduire* の場合は，これとは根本的に異なる．これらの代名動詞の主語は，まさに «sujet sélectionnel» であり，本来的に動作主の意味役割を担うものであるといえる．

　以上の考察から，「境界例」とみなされるものの中には，「完了／未完了」という語彙的アスペクトにおける相違，そして主語名詞句が「本来の動作主／二次的動作主」のいずれとみなし得るか，という二つの観点から，微妙に性質の異なるものが含まれているということができる．*s'éparpiller, se répandre* 等は，

かなり中立的代名動詞に近いステイタスにあるといえる．あるいは「中立的代名動詞」と言い切ってしまってもいいかもしれない．

「姿勢に関する動詞」も語彙的アスペクトの点で均質な集合ではない．(44)の*s'incliner* は完了的であり，Vendler（1957）のいう «achievement» であるが，(45)の *s'incliner* は «state» である．

(44) La tige s'incline vers le sol.　　(=(9 b))
　　 (Rothemberg 1974)
(45) Le mur s'incline dangereusement.　　(=(10b))
　　 (*Lexis*)

se pencher の場合はどうか．*se pencher* が表すものは，完了的な姿勢の変化である．ただ，3.2.節でみたように，*se pencher* の主語には動作主性が強く感じられる．これは先程みた *se diriger* や *s'introduire* と共通するものである．したがって *se pencher* の主語も «sujet sélectionnel»，本来的動作主であるものと考えられる．

5節でみたように，Kemmer（1994）は「姿勢の変化を表す動詞」，「移動を表す動詞」等の «body action verb» を含む「中動（Middle Event）」は，«Degree of Distinguishability of Participants» のスケールの上で，純粋な一項述語と二項述語の間に位置するものとした．さらに Kemmer は次のように述べる．これらの動詞においては，「身体の部分（body part）」は被動者でありながら同時に，「行為（action）」の遂行にあたって多かれ少なかれ関与をしており，その関与の程度は動詞のタイプによって異なる．そしてこの関与の程度が高くなればなるほど，他者に向けられる行為とはみなしがたくなり，一項述語

に近づく，というのである．たとえば「髭を剃る」，「髪を梳る」といった「身体の手入れ (grooming or body care action)」を表す動詞の場合は関与の度合いは非常に低い．「座る」，「起きる」等の「姿勢の変化を表す動詞」の場合は，全身が対象となる動作であるだけに，関与の程度は高くなる．そして「空間的な移動を表す動詞」においては最も高い．Kemmerの類型論的データによると，「身体の手入れを表す動詞」の場合は，自らの身体に向けられる行為と，他者の身体を対象とする行為とが同じ語根に基づく動詞形で表されることが多い．これに対して「移動を表す動詞」の場合は，自らの移動を表す動詞と，他者を移動させることを意味する動詞が同一の語根に基づいているという例はより少なくなっている（Kemmer 1994: 200-201）．

Kemmer (1994) の分析と，本稿の考察を重ねてみると，フランス語の代名動詞に関して(46)のような図式を考えることができる．

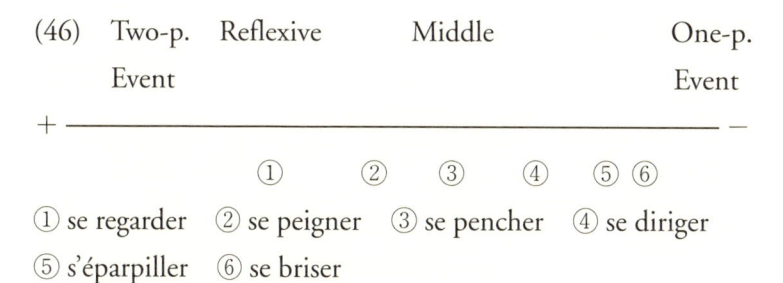

(46)　Two-p.　　Reflexive　　　Middle　　　　One-p.
　　　Event　　　　　　　　　　　　　　　　　 Event
+ ────────────────────────────── −
　　　　　　　　①　　②　③　　④　　⑤ ⑥

① se regarder　② se peigner　③ se pencher　④ se diriger
⑤ s'éparpiller　⑥ se briser

　　Two-p. Event:　Two-participant Event
　　One-p. Event:　One-participant Event

(37)に示したKemmer (1994)の «Degree of Distinguishability

of Participants» のスケールの上に，フランス語の代名動詞の代表的な例をのせてみると，(46)のような形になると思われる．①の *se regarder* は「再帰（Reflexive Event）」であり，最も二項述語に近いところに位置付けられる．②以下は「中動（Middle Event）」として分類されるが，その中では *se peigner* が最も二項述語寄りである．*se raser* 等も同じタイプに属すると考えられる．⑤の *s'éparpiller*（*se répandre* や *se réunir* 等も同じタイプと考えられる）は *se briser* のような中立的代名動詞とともに，典型的な一項述語に最も近いところに位置付けられる．

7. 結　語

本稿においては中立的代名動詞と再帰的代名動詞の関係を論じてきた．この二つは Kemmer (1994) のいう «Degree of Distinguishability of Participants» のスケールの上に連続していくものであり，(46)のような形で表すことができる．さらに中立的代名動詞は，他方において *fondre, arriver* 等の再帰代名詞をともなわない非対格動詞に連続していくものである．*fondre* のタイプに関しては，2章においても論じたが，今後さらに発展させて，他動性の全体像の中でこの問題を位置付けていくことを課題としたい．

[註]

インフォーマントは，Claude LEVI-ALVARES氏，Jean-Christian BOUVIER氏，Catherine VANSINTEJAN-DIOT氏，Rodolphe DIOT氏にお願いした．心より御礼申し上げる．

1) Levin & Rappaport Hovav (1995) は，「方向付けられた変化」を表すものではあるが，アスペクト的には «atelic» の動詞の例として，英語の *cool, widen* のような «degree achievement verb» と，

descend のような «atelic verb of inherently directed motion» の二つをあげる（p. 172）．

2）転換動詞の自動詞形が再帰／非再帰のいずれで実現されるかという問題，および語彙的アスペクトとの関連に関しては，本書第2章において詳述しているので，参照されたい．

3）「身体の手入れ」を表す代名動詞は，5節でみる Kemmer (1994) の中動態（middle voice）分析においても重要な位置を占めており，興味深いところである．

4）Legendre (1989) は動詞の非対格性をはかるものとして，«Object Raising»，«*croire* unions» 等9種類のテストを設けているが，*s'asseoir* はこのうち6つのテストでプラスの値をとっている．

5）動作主表現をともなわない受動文の解釈を，動詞の完了性の指標とするのは，Zribi-Hertz (1987) 等がとりいれているものである．

[参考文献]

Grimshaw, J. (1982) : "Romance Reflexive Clitics", in J. Bresnan (ed), *The Mental Representation of Grammatical Relations*, Cambridge, Mass. : The MIT Press.

Kemmer, S. (1994) : "Middle Voice, Transitivity, and the Elaboration of Events", in B. Fox and P. J. Hopper (eds), *Voice : Form and Function*, Amsterdam : John Benjamins Publishing Company.

Keyser, S. J. and T. Roeper (1984) : «On the Middle and Ergative Constructions in English», *Linguistic Inquiry*, 15-3.

Legendre, G. (1989) : "Unaccusativity in French", *Lingua* 79.

Levin, B., and M. Rappaport Hovav (1995) : *Unaccusativity*,

Cambridge, Mass. : The MIT Press.

Melis, L.（1990）: *La voie Pronominale : La systématique des tours pronominaux en français moderne*, Paris : Duculot.

Rothemberg, M.（1974）: *Les verbes à la fois transitifs et intransitifs en français contemporain*, Hague : Mouton.

Ruwet, N.（1972）: *Théorie syntaxique et syntaxe du français*, Paris : Seuil.

Vendler, Z.（1957）: "Verbs and Times", *The Philosophical Review* 66.

Zribi-Hertz, A.（1987）: "La réflexivité ergative en français moderne", *Le français moderne* 55, N° 1 / 2 .

[辞書]

Trésor de la langue française, Tome 7 , Centre National de la Recherche Scientifique, 1979.

Trésor de la langue française, Tome 12, Gallimard, 1986.

Lexis, dictionnaire de la langue française, Larousse, 1975.

Le Petit Robert 1 , Société du Nouveau Littré, 1977.

鈴木信太郎他著『新スタンダード仏和辞典』大修館書店，1987.

田村毅他編『ロワイヤル仏和中辞典』旺文社，1985.

[例文出典（文学作品）]

Escarpit, R., *La ronde caraïbe*, 駿河台出版社，1993.

第4章
中相範疇としての
フランス語代名動詞

1. 中相範疇とフランス語代名動詞

　ラテン語の，受動・中相の機能を兼ね備えた形態であった *amor, audior* 等，語尾の *-r* で特徴付けられる形式にかわって，ロマンス語においては再帰代名詞の *se* をともなう形が中相の機能をになう形式として発達したというのは，しばしば指摘されるところである．近年，言語類型論および認知言語学の分野において，インド・ヨーロッパ系の言語にとどまらず，さまざまな系統・地域にわたる言語において，本来は「再帰」の機能をもっていた形式が，「中相」さらには「受動」へと機能変化していく過程がみとめられ，これを「文法化（grammaticalization）」の事例として理論的に分析する研究が展開されており，注目に値する．

　柴谷（1997）は「文法範疇は常に通時的変化にさらされ，それによって共時的には多義的様相（polysemy）を呈する」（p. 19）と指摘する．現代フランス語の代名動詞にみられる多機能性，そしてその機能間にみとめられる連続性は，まさにこのような背景をもつものであるといえよう．

　本稿はこのような視点から，代名動詞の問題を捉えなおしてみることをめざすものである．

2. 再帰標識の拡張
2.1. Kemmer（1993, 1994）による分析
2.1.1.「再帰」と「中相」

「再帰」から「中相」への機能変化の過程を具体的に検討する前に，そもそも「再帰」,「中相」というそれぞれの文法範疇の意味するところを，はっきりさせておかなくてはならない．しばしば同一視されがちなこの二つのカテゴリーを，あえて区別する根拠はどこにあるのか，ということである．この点に関しては3章5節においても多少ふれたが，ここでもう一度整理しておこう．

次の(1)−(4)は，いずれも一般に「代名動詞の再帰的用法」として分類されるものである．

(1)　Paul se regarde dans la glace.
　　　'Paul looks at himself in the window.'
(2)　Paul se lave.
　　　'Paul washes himself.'
(3)　Paul se lève tôt.
　　　'Paul gets up early.'
(4)　Paul se promène dans le jardin.
　　　'Paul takes a walk in the garden.'

Kemmer（1993）にしたがえば，このうち(1)は「再帰（reflexive situation type）」であるが，(2)−(4)はいずれも「中相（middle situation type）」ということになる．

フランス語やドイツ語等においては，「再帰」も「中相」も同じ標識（marker）で表されるため（フランス語 *se*，ドイツ語 *sich*），この二つの区別はとらえにくいが，この二つのカテゴリーを異なる標識で表す言語もある．たとえばラテン語において

は,「再帰標識（reflexive marker）」は代名詞の se であるが,「中相標識（middle marker）」は動詞接尾辞の -r であった．ラテン語のように,「再帰」と「中相」の区別が文法的に実現されている言語は，さまざまな系統にわたってみとめられる．Kemmer（1994）は，ロシア語，古典ギリシア語，サンスクリット，トルコ語，ハンガリー語の例をあげている[1]．

「再帰」と「中相」の意味的なレベルにおける相違を示すめ，Kemmer（1993, 1994）は，「出来事（event）」に参与する二つの項,「始動者（Initiator）」と「終点（Endpoint）」の「分化の度合い（relative distinguishability of participants）」という概念を導入する．分化の度合いが最も高いのは，プロトタイプ的な他動詞文であり，対極にあるのが自動詞文である．「再帰」と「中相」はいずれもこの二つの中間に位置するものであるが，両者の間の相対的な関係は,「再帰」の方が「中相」よりも分化の度合いが高いということになる（Kemmer 1994 : 208-209）．

2.1.2. 拡張の過程

ラテン語の se は，現代ロマンス語における se や si とは異なり，再帰的な意味領域にほぼ限定されていた．中相的意味を表すのは，中相標識である接尾辞 -r の領分であった．それが，-r の形態の衰退とともに，se がしだいに中相領域に浸出していく．このように，本来は再帰標識（reflexive marker）として機能していたカテゴリーが，中相標識（middle marker）に移行していくという機能変化は多くの言語においてみられる．

Kemmer（1993）によると，北方のゲルマン語においては，興味深いことに，このような意味・機能的な拡張にともなって，

形態的な「文法化（grammaticalization）」もみとめられる。古ノルド語（Old Norse）の中相を表す接辞（affix）である -sk は、ゲルマン祖語の再帰代名詞 *sik を起原とする。-sk ははじめ、*sik が先行する動詞に結合した場合の、無強勢の接語代名詞（clitic）としてあらわれた。それが早くも古ノルド語の時代、接辞へのステイタスの移行を完成させている。このことは、動詞と -sk の間に他の要素が介在できない等の事実によって裏付けられる。接辞となった -sk は、もはや、何らかの対象を指示するという、「代名詞」としての指示機能はもたない。もっぱら「中相標識」として、動詞の意味の一翼をになっている（Kemmer 1993 : 185－186）.

フランス語の場合、se はカテゴリーとしては接語代名詞である。形態的な文法化の段階としては、代名詞と接辞の中間的な段階に位置するということができる。

意味・機能的側面の考察にもどろう。Kemmer（1993）は、Hatcher（1942）のデータをもとに、ラテン語から現代フランス語に至るまでの、se の拡張の過程を示している。これによると、se は中相領域のうちでも、まず「身体動作の中相（body action middle）」から浸入したという。Kemmer はさらに、スカンジナビア語の場合は、中相システムの発達はテキストの出現以前になされたため直接的証拠はない、と留保しながらも、おそらくはロマンス語の場合と同様、再帰代名詞の *sik を起原とする中相標識の -sk はまず「身体動作の中相」の領域に浸出したものであろうと予測する。なぜなら「身体動作」は、中相領域のうちでも、「出来事（event）」にかかわる「始動者（Initiator）」と「終点（Endpoint）」という二つの参与者を、比較的分化して認識しやすい領域であり、その意味において

「再帰」に近いということができるからである（Kemmer 1993 : 187）．

　一方，フランス語においてはいわゆる「受動的代名動詞」がそれにあたる「受動的中相」に関しては，ロマンス語においても，スラブ語においても，遅い時期になって発達したものと指摘する（Kemmer 1993: 148）．

2.2. 柴谷（1997）の分析

　ところで，中相範疇のもうひとつの重要な領域に，「自発的中相（spontaneous middle）」がある．これと受動的中相（passive middle）との関係について，Kemmer（1993）はともに中相範疇のうちでも周辺的な用法であるとするだけで，文法化におけるこの二つの相対的な位置付けを明確にしてはいない．この点に関して，もう一歩踏み込んでいるのが柴谷（1997）である．柴谷は「自発」を，中相範疇の拡張において「再帰（reflexive middle）」と「受動（passive）」の中間段階に位置するものとしてとらえている．

　中相範疇が，この発達の過程のどの段階まで到達しているかは，言語によって異なる．たとえば，柴谷（1997）によると，シンハラ語の場合は，再帰，相互，身体動作の中相（body action middle），認知の中相（cognitive middle）という用法をもつが，まだ自発は発達させていない．これに対して，ドラヴィタ語族のテルグ語では，自発の段階にはすでに達しているが，受動的中相の用法はまだ持たないようである（柴谷 1997 : 22−24）．

2.3.

　以上，Kemmer（1993, 1994），柴谷（1997）によってそれぞれ示された，中相範疇の機能拡張の過程をみてきた．ここで明らかになった純然たる「再帰」から「身体動作の中相（body action middle）」を経て，「自発」さらには「受動」へというこの文法化のプロセスをふまえた上で，フランス語の代名動詞の考察に移りたい．本稿で特に注目するのは，「姿勢の変化を表す動詞」と，Kemmer，柴谷のいう「自発（spontaneous middle）」にあたる「中立的代名動詞」である．「姿勢の変化を表す動詞」は，身体動作の中相の中でも，自発との境界あたりに位置するものと思われる．フランス語における中相のこの二つの下位領域を詳細に考察することで，文法化の様相がより一層鮮明なものになると考えるからである．

3. 姿勢の変化を表す動詞（Change in Body Posture）
3.1. 自動詞的性格

　次のような文が，「姿勢の変化を表す動詞」の例である．

(5)　Il s'est levé tôt ce matin.
　　　'He got up early this morning.'
(6)　Marie s'est couchée à dix heures hier soir.
　　　'Marie went to bed at ten o'clock last night.'

「姿勢の変化を表す動詞」は自動詞的な性格をもつものであるといえる．これはKemmer（1993）のいう「出来事の参与者の分化の度合い」と結びつけて考えることができる．

　3章6節でもみたように，*se coucher, se pencher* 等の「姿勢の変化を表す動詞」は，*se peigner, se raser* 等の「身体の手入れを表す動詞（grooming verb）」などに比べて，一項述語に近い

性格をもっている.これは「出来事 (event)」の二つの参与者,「始動者 (Initiator)」と「終点 (Endpoint)」——「動作主」と「被動者」といっても,この場合ほぼさしつかえないであろう——の分化の度合いが,「姿勢の変化を表す動詞」においてはかなり低くなっていることによるものである.

「身体動作の中相 (body action middle)」はいくつかの下位クラスに分類することができるが,これらの間で「出来事の参与者の分化の度合い」は一様ではないのである.Kemmer (1994) によると,「空間的な移動を伴う動作」(フランス語でいえば *se promener, se diriger* のような代名動詞が相当) になると,「姿勢の変化を表す動詞」より,さらに分化の程度は低くなる.

Kemmer の類型論的データによると,「身体の手入れを表す動詞」の場合は,自らの身体に向けられる行為と,他者の身体を対象とする行為とが同じ語根にもとづく動詞形で表されることが多い.これに対して「移動を表す動詞」の場合は,自らの移動を表す動詞と,他者を移動させることを意味する動詞が同一の語根にもとづいているという例はより少なくなっている (Kemmer 1994 : 201).Kemmer (1993) はまた,「姿勢の変化を表す動詞」は通言語的にみて,一般に自動詞 (bare intransitive) で表されることが多いという (p. 55).これらの事実は,意味的なレベルにおける「自動詞性」が,形の面に実現されたものと考えることができる.

3.2.「姿勢の変化を表す動詞」の意味構造

現代フランス語における,*se lever, se coucher, s'asseoir* 等の「姿勢の変化」を表す代名動詞の意味構造を,もう少し詳しく

検討してみよう．このタイプの代名動詞の意味構造は，影山(2000)が，日本語の自動詞「立つ」の語彙概念構造として提示した(7)のような形で表すのが最もふさわしいものと思われる．

(7) 「立つ」:[x ACT] CAUSE[BECOME [x BE UPRIGHT]]
　　　（影山 2000 : 63）

使役者と被使役者が同じ x で表されているのは，同一指示を意味しており，この動詞が再帰の意味構造を持つことを示唆する．興味深いのは，影山（1996/2000）は，「立つ－立てる」のようなペアの場合は，「破れる－破る」のような場合とは異なり，自動詞的意味を表す「立つ」の方が基本であり，「立てる」はこの自動詞から「項のすり替え」という操作によって派生されたものであるとする点である．

　日本語の「立つ－立てる」の場合は，形態的にも「立てる」の方がより複雑な形式をとっているということが指摘できるが，影山（2000）が「立つ」を基本とみなしたのはそれだけによるものではない．より普遍的な，意味構造に依拠する理由からである．影山のいう「項のすり替え」という操作は，英語の *walk* のような移動推進動作を表す動詞の自他交替においてもみられるものである．このタイプの動詞は(8)にみられるような使役他動詞としての用法を持つ．

(8)　I remember an old lady called Amy, whose husband came every afternoon to walk her round the grounds of the hospital.
　　（Bank of English; 収録 影山2000 : 54）

影山は(8)にみられる *walk* のような移動推進動作を表す動詞における「項のすり替え」の操作を，次のように記述する．

(9)　[x ACT 〈manner〉] CAUSE [x MOVE [path　　]]
　　　　↓
　　他者（介添え，付き添い）
　　（影山 2000 : 53）

影山（1996/2000）の主張は次のようなものである．*walk* のような動詞は，通常，主語自身が足を動かすという行為（ACT）によって移動していく（MOVE）という状況を表す．したがって ACT の主体と MOVE の主体は本来，同一指示であるはずである．ところが，非通常の状況として，本来は同一であるはずのこの二つの主体が別物になる場合がありうる．たとえば，よちよち歩きの幼児や，一人では歩行できない病人や負傷者が MOVE の主体となる場合がそれである．この場合，母親や看護婦などが ACT の主体として選ばれることになる．ACT の主体が他者にすり替えられるのである．フランス語の *lever-se lever*，日本語の「起きる－起こす」のような「姿勢の変化を表す動詞」の場合も，同じことがいえる．このように，影山のいう「項のすり替え」は，本来同一指示の主体を別指示にするという機能をもつものなのである．

　ところで，「姿勢の変化を表す動詞」と並んで，「身体的行為の中相（body action middle）」の主要な下位クラスの一つとしてKemmer（1993）があげているものに，「移動を伴う動作（translational motion）」がある．フランス語の代名動詞では，(10)にみられる *se promener* がその代表例と考えられる．

(10)　Il se promène dans le jardin.
　　　'He takes a walk in the garden.'

この *se promener* と，(11)にみられるような対応する他動詞の *promener* の関係は，英語の「移動推進動作を表す動詞」の

walk と同様に,「項のすり替え」の関係であるということができる.

(11) Il promène son chien dans le jardin.
 'He walks his dog in the garden.'

この動詞の場合においても,基本的なのは,自動詞的概念の方である.そして,本来なら同一であるはずの行為を始動する主体(使役主)と,移動の主体をあえて別物にしたのが,(11)のような他動詞構文であるということができる.

3.3. 通時的考察

3.2.節においては,影山(2000)に従い,「姿勢の変化を表す動詞」,および「移動を伴う動作を表す動詞」の少なくとも一部のもの(*promener-se promener* など)は,自動詞的概念を表す形式を基本とし,他動詞形はこれから派生されたものであるということをみてきた.それはこの種の動作において,自動詞,他動詞いずれの状況が,より自然な,通常の状況を表しているかという,意味的な根拠に基づくものであった.

このことはさらに,次のような歴史的事実によっても裏付けられるものと思われる.Alain Rey 監修の *Dictionnaire historique de la langue française* は,*asseoir-s'asseoir* に関して,次のような興味深い指摘を行なっている.この動詞が現代フランス語におけるのと同様の,人間の身体動作を表す意味において用いられたのは,まず代名動詞形においてであり,11世紀のことであるという.他動詞の *asseoir quelqu'un* という用法は,それよりかなり遅く,13世紀になってはじめて確認されるというのである(p. 128).

また Kemmer (1993) には次の指摘がみられる. *lever-se*

第4章　中相範疇としてのフランス語代名動詞　　91

lever, asseoir-s'asseoir, coucher-se coucher の，現代フランス語においては「非再帰－再帰」の対立が，「使役－状態変化」の意味的対立を表す対のうち，非再帰形がラテン語の時代から「使役」の意味を持っていたのは *lever* のみであり，他の動詞の非再帰形が，比較的遅い時期になって使役の意味を発達させてきたという (Kemmer 1993 : p. 156).

　以上のような事実をふまえて，次のように言うことができるものと思われる．本来は再帰の意味を表していた *se* の，中相標識 (middle marker) としての用法がしだいに定着していく中で，古フランス語の時代，*s'asseoir* 等の「身体動作の中相 (body action middle)」がいわばデポーネンス的な形で生まれた．これらの形式に対応する非再帰形がないわけではない．しかしそれらは，再帰形と並んで自動詞的概念を表すものであったり，他動詞用法を持っている場合でも他の意味合いにおけるものであったりで，「使役－起動」の関係をもって再帰形と対立するものではなかった．この意味において，これらの中相形態は，その誕生の段階において「デポーネンス的」なのである．非再帰形の使役他動詞としての意味は，もっと遅い段階になって，おそらくは他の「使役－起動」関係にあるペアとのアナロジーから，与えられたのではないかと思われる．

　以上の推論が当を得ているとすれば，*s'asseoir* のような代名動詞は，少なくとも古フランス語において身体的行為を表す意味において用いられ始めた段階においては，「中相的意味状況 (middle situation type)」を表す自律的な形態であり，対応する使役他動詞から生産的な自動詞化のプロセスによって派生されたものではなかったということになる．このことは，その当時においてすでに *se* が中相標識としてかなり成熟したもので

あったことを示唆すると同時に,「姿勢の変化を表す動詞」においては,形態的には有標であるにもかかわらず,自動詞的概念を表す再帰形の方がより基本的なものであるという,3.2.節で提示した見解を支持するものとなる.

3.4. まとめ

以上,フランス語の「姿勢の変化を表す動詞」について考察してきた.このタイプの代名動詞の最も重要な特性は,次の二点であるということができる.第一に,自動詞形が基本で,他動詞形は影山(2000)のいう「項のすり替え」によって派生されたものである.第二に,二つの項は,語彙概念構造上において同一指示の関係にある.Kemmer(1993)のいう出来事(event)の二つの参与者,「始動者(Initiator)」と「終点(Endpoint)」の分化の度合いの低さは,この同一指示関係を反映しているということができる.

4.「自発的中相 (spontaneous middle)」
―中立的代名動詞―

3節においては,中相(middle)の中心的領域ともいえる「身体動作の中相(body action middle)」を論じた.本節においては,この中心的領域から一歩踏み出して,「自発的中相(spontaneous middle)」を論じたい.2節でも述べたように,柴谷(1997)は「自発」を,中相範疇の拡張の過程において,「再帰(reflexive middle)」と「受身(passive)」の中間的段階に位置するものとしてとらえている.

4.1. 外的起因者

「自発的中相」はフランス語においては，いわゆる「中立的代名動詞」がこれに相当する．代表的な例は次の(12)のようなものである．

(12) a. Le verre s'est cassé.
 'The glass broke.'
 b. La lampe s'est éteinte.
 'The light went out.'

このタイプの代名動詞も，前節で論じた「姿勢の変化を表す動詞」同様，対応する他動詞に対する自動詞という性格をもつ．だが，中立的代名動詞は，ある非常に重要な点において姿勢の変化を表す代名動詞とは異なる．それは，事態を引き起こす起因者が外的な存在，主語とは異なる第三者であるということである．姿勢の変化を表す動詞の場合は，代名動詞構文の主語である存在 (entity) そのものが，変化を被る被動者（「被使役者」）であると同時に，起因者（「使役者」）でもある．このタイプの代名動詞の語彙概念構造が，(7)のような使役者と被使役者の同一指示関係を含む形で表すことができる所以である．これに対して中立的代名動詞の場合は，代名動詞構文の主語は，被動者ではあるが起因者ではない．事態を引き起こす起因者は，これとは異なる，外的な存在なのである．

フランス語の動詞の自他対応が論じられる際，自動詞形が再帰形をとって中立的代名動詞として実現されるか，それとも非再帰形をとるかということがしばしば問題となる．*fondre* 'melt', *sécher* 'dry', *brûler* 'burn' 等が非再帰形自動詞の代表例である．どのような動詞が自動詞用法において再帰代名詞をとるかということに関しては，語彙における特異現象的（idiosyncratic) な問題としてとらえる研究者が多いが，Rothemberg (1974), Zribi-Hertz (1987) 等はこの問題は共時的な規則性において説明できるとする立場をとる．Rothemberg (1974) は再帰／非再帰形自動詞の区別は，出来事を引き起こす原因が外的なものであるか，それとも内的なものであるかという相違によるものであるとする．動詞が記述する事態が外的な原因によって引き起こされる場合には再帰形，主語に内在する性質によって起こる場合は非再帰形自動詞として実現されるというのである．Zribi-Hertz (1987) も再帰形自動詞 (Zribi-Hertz の用語では「再帰能格動詞」) の派生の条件のひとつとして，「外在的原因」ということに言及している[2]．

　この点に関するRothemberg (1974), Zribi-Hertz (1987) の指摘はかなり説得力のあるものであると思われる．フランス語においては，自他のカテゴリーが整備されていく過程の中で，自動詞的概念のうちでも，内的原因によるものは非再帰形，外的原因によるものは再帰形中相形態として実現されるという分化がおこっていったのであろう．そしてこのことは次のような点を考えれば十分納得できることである．動詞の自他対応が論じられる時，自動詞形，他動詞形のいずれが意味的，そして形態的により基本的なものであるのかということが常に問題となる．自他の対応が「派生」の関係としてとらえうる場合には，派生の方向が自→他であるのか，それとも他→自であるのかという問題にもつながっていく．外在的原因によって引き起こされる出来事というのは，概念的なレベルにおいて二項的であり，他動詞の方がより基本的であるということができる．したがって形の上でも，他動詞形の方が無標であり，自動詞形は形態的により複雑な形をとることが多い．フランス語において，基本

となる他動詞に se が付与されて中立的代名動詞を形成する過程は，一種の自動詞化の過程であるということができるだろう．これに対して主語に内在する性質によって起こる出来事は，本質的に一項述語的性格をもつということができる．無標の自動詞形として実現されることは，十分予測されることである．

興味深いことに，内的原因／外的原因の相違によって，自動詞的概念の実現パターンが異なるという現象は，他の言語においてもみとめられる．Kemmer（1993）によると，現代アイスランド語においては，外的動作主によって引き起こされる可能性の高い出来事は中相標識によってマークされることが多いのに対し（ex. *opna-st* 'open', *fylla-st* 'fill', *loka-st* 'close'），外的動作主によらずに生起する出来事の場合には，古いゲルマン系言語の状態変化動詞の標識である -n- によってマークされる傾向が強いという（ex. *harðna* 'harden', *kolna* 'cool', *porna* 'dry (out)', *braðna* 'melt', *rǿðna* 'redden'）（Kemmer 1993: 146-147）．これはまさに，外的原因による出来事は中相標識である se を伴った代名動詞形として実現され，内的原因による出来事は無標の自動詞形で実現されるというフランス語の言語内パターンと，ぴったり重なるものであるといえる．

4.2. 中立的代名動詞の意味構造

中立的代名動詞の意味構造はどのような形で表すことができるだろうか．この点に関して，まず影山（1996/2000）の分析を検討してみたい．影山はフランス語の中立的代名動詞に相当する，日本語の「破れる」，「折れる」といった動詞や，英語の自動詞用法の *open*, *break* 等を「能格動詞」と呼び，(13)の「反使役化」の操作によって対応する他動詞から派生されるも

のとする.

(13) [x CAUSE [y BECOME [y BE AT-z]]]
　　→ [x=y CAUSE [y BECOME [y BE AT-z]]]
　　（影山2000：41）3)

「反使役化」は，語彙概念構造において使役者を被使役者と同一物とみなす操作である．影山は，「反使役化」は3節においてみた「項のすり替え」の操作とちょうど逆の機能を果たすものであるとする．「項のすり替え」が「本来同一指示の主体を別指示にする」機能をもつものであるのに対し，「反使役化」は「元来，別の指示物を同一指示に換える操作」なのである（影山 2000：63）．したがって派生の方向も，「立つ－立てる」のペアにみられるような「項のすり替え」の場合には自動詞→他動詞であるのに対し，「反使役化」の場合には他動詞→自動詞となる．

　影山の分析をフランス語の中立的代名動詞に適用して考えてみよう．能格動詞の場合は，他動詞の方が基本であり，自動詞はそれから派生されたものと考える点は，我々の立場と一致する．だが，使役者と被使役者を同一指示関係にあるものとみなす，すなわち状態変化を受ける対象が同時に起因者でもあるとする分析は，我々の見解とは異なる．4.1.節でみたように，我々は中立的代名動詞の起因者は，あくまで外的存在と考える．この点において，むしろ Levin & Rappaport Hovav（1995）の使役・起動交替の分析に近いものであるといえる．Levin & Rappaport Hovav によれば，英語の動詞 *break* の自動詞用法と他動詞用法それぞれにおけるLSR（lexical semantic representation; 語彙意味表示）と項構造（argument structure）は，次の(14), (15)のような形で表される.

(14)　intransitive *break*
LSR　　　　　　[[x DO-SOMETHING]CAUSE[y BECOME BROKEN]]
　　　　　　　　　　　　↓
Lexical binding　　φ
Linking rules　　　　　　　　　　　　　　↓
Argument structure　　　　　　　　　　　〈y〉
(15)　transitive break
LSR　　　　　　[[x DO-SOMETHING]CAUSE[y BECOME BROKEN]]
Linking rules　　　↓　　　　　　　　　　↓
Argument structure　x　　　　　　　　　〈y〉

（以上，Levin & Rappaport Hovav 1995：108）

　自動詞，他動詞いずれの *break* も，LSR は共通して使役の構造である．他動詞 *break* の場合，起因者の x は外項として項構造上に実現されている．これに対して自動詞 *break* の場合は，x は存在量子化（existential quantification）によって語彙的に束縛されており，項構造上には実現されない．
　中立的代名動詞の意味構造を，どのような形で定式化するかという問題は，さらに検討を要するものであると思われ，今後の課題としたい．その際に，次のことを念頭におく必要がある．すなわち，中立的代名動詞は，次の二つを重要な特性としてもつものであるといえる．第一に，他動詞形を基本とし，そこから派生されたものである．第二に，外的原因によって引き起こされるものである．中立的代名動詞の語彙概念構造は，この二つを反映したものでなくてはならないと思われる．

5．再帰－自発－受動

　「自発的中相（spontaneous middle）」はさまざまな点におい

て,「姿勢の変化を表す」タイプの中相と類似している．両者とも，対応する他動詞に対する自動詞という性格を持つ．またいずれも「変化」を表す概念であり，語彙的アスペクトの観点からいえば完了的（telic）である[4]．フランス語の代名動詞研究においても，このような点をとらえて，*se lever* 等は再帰的代名動詞と中立的代名動詞の境界的存在であるということがしばしば指摘されてきた（cf. Melis 1990）[5]．典型的な中相の領域とされる「身体動作の中相（body action middle）」から「自発」へ向かう出口あたりに位置するのが，「姿勢の変化を表す動詞」であるといえるのではないか．「姿勢の変化を表す動詞」を直接的なモデルとして，メタフォリックな拡張によって，無生物の状態変化を記述する中相が生まれたものと思われる．

だが,「姿勢の変化を表す動詞」と中立的代名動詞の間には，決定的な違いがある．それは中立的代名動詞，すなわち「自発」の段階に至ってはじめて出来事を引き起こす起因者が，（主語とは異なる）外的な存在になったことである．これは次なる段階,「受身」に通ずる道を切り拓くものである．

「受動的中相（passive middle）」（フランス語においては「受動的代名動詞」）の段階になると，この外的起因者の存在がはっきりと意識されるようになる．いわゆる「潜在的動作主」である．このことは，典型的な再帰から身体動作の中相を経て自発に至るまで，一項述語に向って収斂を続けてきた過程が，ここで再び，二項述語に向い始めたことを意味する．

ただ，典型的な受動文とは異なり，この動作主はあくまで「潜在的」なものであり，明示的に文中に存在することはできない．フランス語を始め，多くの言語において中相標識（middle marker）による受動的表現はこの段階にとどまってい

る．だが，さらに一歩進んで，本格的な受動構文の段階に至った言語もある．當野（2000）は，現代スウェーデン語における接辞 -s は，歴史的に「再帰→中相→受動」と発達したものであるが，他の多くの言語にみられる再帰構文から発達した受身の場合とは異なり，動作主を斜格で表すことが可能であり，またテンスに関する制約もみられないという．

(16) Smittan   spred-s av råttorna.
    infection. DET spread-s by rats. DET
    'The infection was spread by the rats.'
    （當野 2000：207）

接辞 -s は自発文，受動文，心理動詞形成の機能をもつが，「身体動作の中相」のような中相の中心的用法では現在では用いられない．そのような領域では，やはり再帰代名詞から発達したもうひとつの中相標識である -sig が用いられるという．當野はこのような点をふまえて，「接辞 -s はすでに中相範疇としては崩壊しかかっていると考えるのが妥当である」と指摘する（p. 207）．

　フランス語においても，受動的中相の典型的な領域から一歩踏み出しかけていると思われる例が，時としてみられる．本書第5章において検討しているのはそのような事例の一つで，スペイン語やイタリア語等においてみられる，いわゆる「非人称の se（impersonal se）」に近い意味的特性を持つと思われる，代名動詞の用例である．

6．結　語

　フランス語の代名動詞のさまざまな用法は，純然たる「再帰」から「身体動作の中相」を経て，「自発」さらには「受動」へ

という，文法化のプロセスの中に位置付けることができる．

　本稿においては，身体動作の中相の中でも，自発的中相との境界あたりに位置すると思われる，*se lever, s'asseoir* 等の「姿勢の変化を表す動詞」と，自発的中相である中立的代名動詞に特に注目して分析を行なった．この二つは，共に他動詞に対応する自動詞という性格を持つものであるが，次の二つの点において大きく異なる．第一に，「姿勢の変化を表す動詞」は，自動詞的概念を表す形式を基本とするものであるが，中立的代名動詞はこれとは逆に，他動詞の方をより基本的な形式とするものである．第二に，「姿勢の変化を表す動詞」においては，主語名詞句の指示対象が，変化の主体であると同時に起因者でもあるが，中立的代名動詞の場合は，起因者は主語名詞句とは別の，外的存在であるということである．特にこの第二の点は，次の受動的中相の段階につながる道を拓く，重要なものであるといえる．

　代名動詞の問題は，動詞の自他の問題とも関連する，非常に興味深い問題であるといえる．今後もさまざまな視点から考察を続けていきたい．

[注]
1) Kemmer (1994) は，ラテン語やロシア語のような，「再帰」と「中相」を異なる標識で表す言語を two-form language と呼ぶ．これに対してフランス語やドイツ語のような「再帰」と「中相」を同一の標識で表す言語を one-form language と呼ぶ．
2) フランス語の再帰／非再帰形自動詞の区別は，動詞の「非対格性 (unaccusativity)」とも関連しており，興味深い．これに関しては，本書第2章を参照されたい．

第4章 中相範疇としてのフランス語代名動詞　　*101*

3）影山（1996）においては「反使役化」は次の（i）のような形で定式化され，CAUSEではなくCONTROLが用いられている．
(i) [x CONTROL [y BECOME [y BE AT-z]]]
　→ [x=y CONTROL [y BECOME [y BE AT-z]]]
（影山 1996：145）
だが影山（2000）においては，使役関係はCONTROLは使わずCAUSEで統一してあるため，本稿においてもその形で引用した．
4）中立的代名動詞の完了性に関しては，本書第2章を参照されたい．
5）この点に関しては，本書第3章を参照されたい．

[参考文献]

Hatcher, A.G.（1942）：*Reflexive Verbs : Latin, Old French, Modern French*, Baltimore : John Hopkins Press.

影山太郎（1996）：『動詞意味論―言語と認知の接点―』，くろしお出版．

影山太郎（2000）：「自他交替の意味的メカニズム」，『日英語の自他の交替』，ひつじ書房，33-70.

Kemmer, S.（1993）：*The Middle Voice*, John Benjamins Publishing Company, Amsterdam.

Kemmer, S.（1994）："Middle Voice, Transitivity, and the Elaboration of Events", in Fox, B. & P.J.Hopper（eds）, *Voice : Form and Function*, John Benjamins Publishing Company, Amsterdam, 179-230.

Levin, B. & M.Rappaport Hovav（1995）：*Unaccusativity : At the Syntax-Lexical Semantics Interface*, MIT Press, Cambridge, MA.

Melis, L. (1990) : *La voie pronominale : la systématique des tours pronominaux en français moderne*, Duculot, Paris.

Rothemberg, M. (1974) : *Les Verbes à la fois transitifs et intransitifs en français contemporain*, Mouton, The Hague.

柴谷方良（1997）:「言語の機能と構造と類型」,『言語研究』第112号, 日本言語学会, 1-32.

當野能之（2000）:「現代スウェーデン語の再帰代名詞について」,『日本言語学会第120回大会予稿集』, 日本言語学会, 204-209.

Zribi-Hertz, A. (1987) : "La réflexivité ergative en français moderne", *Le Français Moderne* 55, No1/2, 23-54.

〈辞書〉

Dictionnaire historique de la langue française, Tome 1, Rey, A., Le Robert, 1993.

第5章
イベント記述的性格をもつ受動的代名動詞

1. 問題の所在

次の文を考えてみよう．

(1)　Vraiment la foule s'amusa. On chansonna l'aventurier vaincu. «Les amours de Lupin.» «Les sanglots d'Arsène!...» «Le cambrioleur amoureux.» «La complainte du pickpocket!» Cela *se criait* sur les boulevards, cela se fredonnait à l'atelier.

　じっさい，群衆はおもしろがった．敗北した冒険家の流行歌がうたわれた．「アルセーヌのすすりなき！」「巾着切りの嘆き！」それは盛り場で高唱され，職場で口ずさまれた．

　　(Leblanc, M., *L'aiguille creuse*)[1)]

　この文にみられる *se criait, se fredonnait* という二つの代名動詞の用法をどうみなすべきか．「高唱され」「口ずさまれた」という日本語訳にもあらわれているように，これらの代名動詞は受動のニュアンスをもつものである．したがっていわゆる「受動的代名動詞」とみなすのが，まず妥当と考えられるところだろう．たしかにこれらの代名動詞の表層の主語は，論理的には他動詞 *crier, fredonner* の直接目的語に相当するものであり，さらに「潜在的動作主」の存在も想定されることから，受動的代

名動詞としての特性をかなり備えているものであるということができる．しかしながら，この二つの代名動詞は，主語の属性を記述するものではない．この文は属性記述的な文ではなく，イベント（event）記述的な性格をもつ文なのである．この点はかなり重要なものであると思われる．

春木（1994, 1996, 1997）は，一貫して，受動的代名動詞と中立的代名動詞を分ける最も重要な点として，前者は「主語の指示対象の特性を記述」（春木1994:33）するものであるのに対し，後者は「何らかの過程（procès），出来事（événement）を述べる」（*Ibid.*）ものであるという立場をとる．また Fagan（1992）は，英語のいわゆる「中間構文（middle construction）」と「能格構文（ergative construction）」（それぞれフランス語の受動的代名動詞，中立的代名動詞に対応）を分けるきわめて重要な特性は，前者は状態（state）記述的であるのに対し，後者はイベント記述的である点である，としている（p. 146）．たしかに受動的代名動詞の典型的な例としてあげられるものは，次の(2)にみられるように，属性記述的な性格をもっている．

(2) a. Ce veston se lave en dix minutes.
　　　　（Ruwet 1972）
　　b. Ce livre se lit facilement.

だが，フランス語の文章を読んでいると，時に例(1)のような，むしろイベント記述的性格を持つと思われる用例に出会うことがあり，受動的代名動詞の本質について考えさせられる．

本稿においては，類型論的視点もとりいれながら，またフランス語以外のロマンス語研究においてしばしば話題になる「非人称の *se*」と呼ばれる構文も考慮に入れながら，受動的代名動詞の問題を考えていきたい．

2. 受動的中相の二つのタイプ

　Kemmer（1993）は，言語類型論の立場から中相（middle voice）を分析する興味深い文献である．フランス語の代名動詞も，中相カテゴリーとみなすことができる．

　Kemmer（1993）は受動的な意味をもつ中相を，二つのタイプに下位区分している．第一のタイプを，Kemmerは«facilitative»と呼ぶが，これは英語の *The branch breaks easily, This book sells well, This wine drinks like water* といった文に代表されるもので，難易，比較等を表す表現を伴うことが多い．これらは主語の指示対象の特性もしくは属性を記述するものであり，フランス語の受動的代名動詞も含めて，受動的中相の典型的な例としてあげられるものの大部分はこのタイプに属するといえる．

　一方，第二のタイプの例として，Kemmer はフランス語の *Cela ne se dit* をあげている．このタイプの受動的中相文は，第一のタイプとは異なり，主語名詞句の属性を記述するという機能はもっていない．受動的中相のもつ諸特性のうち，もっぱら動作主をめぐる特性，すなわち想定される動作主が不特定多数の人々であるという特性が結晶したのが，この構文であるといえる．Kemmer はこのタイプの中相文は，意味的レベルにおいて，非人称構文に近いものであると指摘する．また，フランス語の場合は，この構文をとるものは直接目的語を要求する他動詞に限られているが，スペイン語やドイツ語の場合は自動詞も可能であるという．

(3)　a.　スペイン語

　　　　Se habla mucho aquí.

　　　　'One talks a lot here, there's a lot of talking here.'

b. ドイツ語

Hier tanzt sich gut.

'One can dance well here.'

（以上Kemmer 1993 : 148）

3．ロマンス語の「非人称の *se*」

　ところで，Kemmer（1993）が（3a）を例としてあげていることからもうかがえるように，このタイプの中相文は，ロマンス語研究において「非人称の *se*（impersonal *se*)[2]」と呼ばれている構文を含んでいる．「非人称の *se*」はフランス語以外のロマンス語においてみられる，代名動詞の次のような構文である．

(4)　スペイン語

　　a. Se viola los reglamentos abiertamente.

　　　'On viole les règlements ouvertement.'

　　b. Se caminó todo el dia.

　　　'On a marché toute la journée.' [3]

(5)　イタリア語

　　a. Si costruisce troppe case.

　　　'On construit trop de maisons.'

　　b. Si va a teatro.

　　　'On va au théâtre.' [3]

(6)　ポルトガル語

　　Vende-se estas casas.

　　'On vend ces maisons.'

　　　（Naro 1976）

この構文において，動詞は常に3人称単数の形態をとる．これ

は，いわゆる「受動的代名動詞」と大きく異なる点である．
(7), (8)は受動的代名動詞の例であるが，それぞれ（4a），（5a）と比較すると，この違いが明らかになって興味深い．

(7) Los reglamentos *se violan* abiertamente.
　　'Les règlements se violent ouvertement.' 3)

(8) Troppe case *si costruiscono*.
　　'Trop de maisons se construisent.' 3)

　また例文（4b），（5b）が示すように，このタイプの代名動詞は，他動詞のみならず，自動詞からも形成される．
　Naro (1976) は，「非人称の *se*」の構文は，本来再帰代名詞であった *se*（*si*）が，通時的に再分析を受け，主語代名詞とみなされるようになったものであるとする．この構文における *se* は，補語としてではなく，ちょうどフランス語の *on* やドイツ語の *man* と同じように，不特定多数の人間を指す，主語代名詞として機能しているというのである．

4．文法化

　近年，言語類型論および認知言語学の分野において，中相（middle voice）の機能拡張の過程を「文法化（grammaticalization）」の事例としてとらえる研究がなされており，注目に値する．フランス語の代名動詞の問題も，この観点から考察すると興味深いものがある．
　ラテン語の *se* がそうであるように，さまざまな言語において，本来は「再帰」の標識として用いられていた形式が，しだいに「中相」の意味領域を表す標識として用いられるようになっていくという現象がみとめられる．これに関しては，Kemmer (1993), 柴谷 (1997) が詳細な分析を行なっているが，これ

をまとめると次のようになる．この過程はまず中相領域の中でも「身体的行為の中相（body action middle）」とよばれる下位クラスからはじまる．次に「自発的中相（spontaneous middle）」とよばれる領域に，この形式は浸出していく．いわゆる「中立的代名動詞」は，このタイプの中相である．そして「受動的中相（passive middle）」（フランス語では「受動的代名動詞」に相当）にこの形式が及ぶのは，これらより遅い時期になる．

　それでは3節でみたロマンス語における「非人称の *se*」はどうだろうか．Naro（1976）はこのタイプの代名動詞の成立は，受動的代名動詞よりさらに遅いという．Naroによれば，動詞が常に3人称単数の形態に限られるという，一致（agreement）に関するこの構文の特性が確立したのは，16世紀のことであるという（Naro 1976：781）．

　このような点を考慮すると，「非人称の *se*」は，受動的中相からさらにもう一歩，文法化の進んだ段階であると考えることができる．

5．例文(1)再考

　筆者は，本稿の考察の出発点となった例文(1)は，2節でみたKemmer（1993）のいう第二のタイプの受動的中相文に属するものであると考える．この文は，主語名詞句の属性を記述する文ではない．受動的中相の持つ諸特性のうち，動作主が不特定多数であるという特性が前面に出てきたタイプの文であると考えられる．

　ただ，フランス語の代名動詞は，他のロマンス語とは異なり，文法化のさらに進んだ段階と考えられる「非人称の *se*」の用法

第5章　イベント記述的性格をもつ受動的代名動詞

は有しない．スペイン語の例文（4a）やイタリア語の（5a）のような，被動者が複数名詞句であるにもかかわらず，動詞が3人称単数の形態をとるという構文はフランス語には存在しない．また（4b），（5b）にみられるような，自動詞が同様の構文をとるという現象もフランス語においてはみられない．再帰代名詞のseを主語代名詞とみなすという再分析はフランス語においては行なわれていないということである．

　例文(1)は，意味的には「非人称のse」の構文に非常に近いものであるが，統語的なステイタスとしては，あくまで「受動的代名動詞」の枠から出るものではない，ということができる．このことは，(1)における *se criait, se fredonnait* がいずれも半過去の形態をとっていることからもうかがえる．受動的代名動詞が点括相を表す動詞形態とは共起しないという，いわゆる「アスペクト制約」はよく知られている．このため受動的代名動詞の用例の多くは直説法現在形であるが，過去におかれる場合は半過去形をとることが多い．この点においても例文(1)は受動的代名動詞の枠にとどまっているといえる．

　ところで受動的代名動詞には，習慣・反復を表すという用法がある．これに関しては，春木（1994, 1996）が興味深い分析を行なっている．春木（1996）は，習慣的な読みをもつ受動的代名動詞の例として，次のものをあげている．

(9) a. Les asperges se cuisent à feu doux.
　　b. Le bébé se changent toutes les trois heures.
　　c. Les consonnes finales ne se prononcent pas en français.
　　d. Le vin blanc se boit frais.

これらの文と，例文(1)は共通するところがある．(1)は「習慣」を表すものではないが，半過去におかれた動詞の形態が示すよ

うに，「反復的」な出来事の生起を表しているのである．

だが，(1)は次の二つの点において (9a-d) とは異なる．春木 (1994) は，(9b), (9c) のような例文をとりあげて，このような習慣的な読みを持つ文は，実際には「反復的な過程を表わしていたり，ある不特定な過程の生起からの一般化を表わしていたりする」(p.44) と述べている．例文(1)は，不特定な過程の反復的な生起を表すという点では，これらの文と共通しているが，そこから何らかの「一般化」を引き出しているわけではない．

また，春木 (1996) は，習慣的な読みを持つ受動的代名動詞の発話は，「その読み以外に必ずモダリティーを含む読みを持つ」と指摘する (p. 184). (9a-d) のような発話に対しては，「…すべきである」という「規範」の解釈が直観的にまず浮かぶという．これに対して，例文(1)には，「規範」，「可能」等いずれのモダリティーも感じられない．

例文(1)は，主語名詞句の属性を記述する文ではない．また，出来事の記述を通して，そこからある一般化を引き出し，結果的に主語名詞句に内在する何らかの特性あるいは属性を述べることになるといった性格の文でもない．人々が「高唱し」，「口ずさんだ」という，ある具体的な時期に反復的に起こった「出来事」を，そのままに，淡々と記述する文なのである．そしてその行為を行なった主体，動作主は，不特定多数の人々である．

6. 結 語

以上，例文(1)を出発点として，受動的意味を持つフランス語の代名動詞を考察してきた．例文(1)は，典型的な受動的代名動詞の文とかなりの特性を共有しながらも，イベント記述的

性格を持つ点で，大きく異なっている．この点においては，むしろ他のロマンス語においてみられる「非人称の*se*」の構文に近いものを感じさせる．

　受動的代名動詞を中相範疇全体の中に位置付けながら，さらにその特性を明らかにしていくことを今後の課題としたい．

[注]

1) Maurice LEBLANC, *L'Aiguille* creuse, Librairie Générale Française, 1964, p. 128.
日本語訳：石川湧『奇巌城』，東京創元社，1965，p. 146.
2) イタリア語を対象とした研究では「非人称の*si*」と呼ばれるが，ここでは用語が煩雑になるのを防ぐため，「非人称の*se*」で統一することにする．
3) 例文(4)-(5)および(7)-(8)の出典は以下の通りである．
(4a-b), (7) : Contreras, H.
(5a), (8) : Rizzi, L.
(5b) : Napoli, D.J.
なお本稿における引用は，Zribi-Hertz (1982) による．

[参考文献]

Fagan, S.M.B. (1992) : *The Syntax and Semantics of Middle Constructions*, Cambridge University Press, Cambridge.
春木仁孝 (1994)：「中立的代名動詞と受動的代名動詞」，『日仏語対照研究論集』，日仏語対照研究会.
春木仁孝 (1996)：「現代フランス語の再帰構文再考 ―意味解釈の仕組みとモダリティー―」，『言語文化研究』第22号，大阪大学言語文化部.

春木仁孝（1997）:「意味カテゴリーとしての再帰 —現代フランス語の場合—」,『言語文化研究』第23号, 大阪大学言語文化部.

Kemmer, S.（1993）: *The Middle Voice*, John Benjamins Publishing Company, Amsterdam.

Naro, A. J.（1976）: "The Genesis of the Reflexive Impersonal in Portuguese", *Language* 52. 4.

Ruwet, N.（1972）: *Théorie syntaxique et syntaxe du français*, Seuil, Paris.

柴谷方良（1997）:「言語の機能と構造と類型」,『言語研究』第112号, 日本言語学会.

Zribi-Hertz, A.（1982）: "La construction "*se*-moyen" du français et son statut dans le triangle : moyen-passif-réfléchi", Linguisticae Investigationes 6-2.

第二部

非対格性をめぐるその他の問題

第6章
フランス語の過去分詞と非対格仮説

1． フランス語の過去分詞の用法のうち，本稿で取り上げるのは次のようなものである．
(1) a. *Accablés* de la chaleur, ils ne peuvent plus marcher.
   （目黒・德尾・目黒　1966）
   b. *Entourée* de livres, elle avait écrit d'innombrables lettres.
   （Maurois, 収録朝倉 1955）
(2) Les roses *cueillies* le matin sont fanées le soir.
   （朝倉 1955）

(1)は同格形容詞としての用法であり，副詞節によって書きかえられることも多い．(2)は付加形容詞としての用法である．本稿においてはこれらの用法を，助動詞の *avoir* や *être* を伴わない用法ということで，「（過去分詞の）単独用法」と呼ぶことにする．単独用法の例としては，(1)-(2)のように他動詞から派生された過去分詞のものが多いのであるが，*être* を助動詞としてとる自動詞[1]および一部の本来の代名動詞から派生された過去分詞も用いることができる．

(3) a. *Partis* de bonne heure, ils sont arrivés à Paris avant midi.

  b. Enfin un bras, rien qu'un bras, *venu* d'un homme courbé sur le sable, se tendit vers lui, chargé de filets.
   (Halévy, p.12)

(4) des fruits *tombés*

(5) une tour *écroulée*

　伝統文法においては，(1)−(2)のような例文と(3)−(5)のような例文を同列に扱っていることが多いのであるが，この二つの間には大きな違いがある．まず(1)−(2)においては過去分詞は受動的意味をもつが，(3)−(5)においては能動的意味をもつ[2]．第二に(3)−(5)のようなタイプの動詞の過去分詞がこれらの用法で用いられる場合には，必ず完了（[+parfait]）の価値をもつ．朝倉（1955）は，次の（6a）は（6b）のような形で書きかえることが可能であるとする．

(6) a. *Revenus* chez eux, ils oublièrent toutes les difficultés du voyage.
  b. Quand ils *étaient revenus* …

　受動と能動という，一見相反する価値をもつように思われるこの二つを，共に説明することはできないものか，というのが出発点である．また *être* を助動詞としてとる自動詞の場合にはこの用法は許容されるが，次のような自動詞の場合には許容されない，という事実も説明されねばならない．

(7) *Travaillé toute la matinée, il dormit tout l'après-midi.
   (Legendre 1989a)

　理論的な領域に目をむけると，生成文法や関係文法において，近年「非対格仮説（hypothèse inaccusative）」が提唱されている．この仮説は過去分詞の問題に関しても非常に深い関わりを

もつものであると思われる．

　本稿においてはまず GB 理論，関係文法それぞれの枠で書かれた Burzio（1986），Legendre（1989a）の分析を紹介し，各々の利点と問題点を指摘する．そして非対格仮説の直観を生かした上で，意味論的な視点をさらに加えることにより，問題を解決することをめざす．

2. Burzio（1986）は(8)のような過去分詞を含む英語の文は，(9)のような構造をもつものと考える．

(8)　A student *accepted* in the program arrived yesterday.

(9)　[NPA student [scPROi accepted ti in the program]] arrived yesterday.

sc は「small clause（小節）」の略であり，Burzioはこの構文を小節による一種の関係節（small clause relative）とみなす．sc の主語のPROは主要部（head; この場合は *student*）によって制御（Control）される．したがってこのような文が文法的なものとなるためには，sc の主語の位置にNP移動することのできる名詞句が，過去分詞の補部として存在しなくてはならない．(8)の *accepted* のような他動詞派生の過去分詞はこの条件を満たす．これに対して(10)のような非能格動詞（Burzioのいう «intransitive»）の過去分詞の場合は非文となる．

(10)　*A student *applied* to the program arrived yesterday.

　ただこの分析だけでは，非対格動詞（Burzioのいう «ergative»）の過去分詞を含む(11)のような文が英語では非文とされるという事実を説明することができない．

(11)　?*[A student [scPROi arrived ti yesterday]] was accepted in the program.

Burzioはこの現象を，動詞から過去分詞を派生する形態的なプロセスに課せられる制約によるものとする．この派生が主語への θ 役割の付与停止をともなうものであることはよく知られているが，これは vacuous なものであってはならない，とするのである．したがって非対格動詞のように，もともと主語に θ 役割を付与しない動詞はこの構文にあらわれることができない．Burzioはこの制約は一般的なものであるとした上で，フランス語やイタリア語で非対格動詞が過去分詞節に用いられるのは，この制約が緩和された有標のケースである，とみなす．イタリア語の例は次のようなものである．

(12)　[Un ragazzo [scPROi arrivato ti poco fa]]
　　　　a guy　　　　　arrived　　a while ago
　　　conosce Maria.
　　　knows　Maria

Burzioはこの制約の緩和をひきおこすいわば引き金の役割を果たすのは，助動詞としての *être*（イタリア語では *essere*）の選択であるとする．このことは，同じロマンス系の言語でも，完了の助動詞として *haber*（'avoir'）のみをもつスペイン語の場合には，(13)のような文の許容度に関してむしろ英語に近い状況にある，という事実を説明できるという利点がある．

(13)　?Un estudiante recientemente llegado de Francia …
　　　　（A student recently arrived from France…）

　非対格仮説を取りいれたこのBurzio（1986）の分析は，他動詞・非能格動詞・非対格動詞のいずれの場合も説明することができる．また上述の英語・スペイン語と，フランス語・イタリア語との間の違いも説明できるという利点も持っている．しかしながらこの分析にはBurzio自身も指摘する，次のような問

題点がある.

(14) *[Un ragazzo [scPROi sembrato [sti conoscere
　　　a　guy　　　　　　seemed　　 to know
　　　Maria]]]　ha　telefonato　a　Giovanni.
　　　Maria　　has　telephoned to　Giovanni

Burzioによればイタリア語においては過去分詞派生に課せられる制約が緩和されるため,非対格動詞のようなもともと主語に θ 役割を与えない動詞も過去分詞節に用いられる.そうであるならば, *sembrare*('sembler')のような「繰り上げ構文(raising)」に用いられる動詞の過去分詞を含む(14)も許容されそうなものであるが,実際には非文である.フランス語においても *sembler* を用いた同様の構文は非文とされる.

(15) *Un garçon semblé connaître Marie a téléphoné à Jean.

フランス語の場合だけに限れば, *sembler* は完了の助動詞として *avoir* を選択する動詞である,ということで一応説明はつくかもしれないが,イタリア語に関していえば, *sembrare* の助動詞は *essere* である.この問題に対してBurzio自身,一応の説明は与えているが,あまり説得力のあるものとは思われない.

　(12),(14)のように,非対格動詞と繰り上げ動詞の間にはっきりと相違が認められるということは,過去分詞節の問題を「主語への θ 役割の付与」との関係で説明することには無理があることを示唆するものと思われる.

3. 過去分詞の問題を関係文法の枠で論じたものに Legendre (1989a) がある.Legendre は過去分詞の単独用法を, Participial Equi, Participial Absolutes, Reduced Relatives の三つのタイプに分類する.そしてそれぞれに対して分布上の条件

を設定しているが，これらはいずれも派生のどこかの段階で，直接目的語にあたる「2」を含んでいなければならないとする点，さらに「2-1昇格」（直接目的語→主語）を含むものであるとする点において共通している．これによってフランス語における他動詞・非対格動詞・非能格動詞のいずれの場合も説明できるものとする．Legendre（1989a）の分析の問題点としては次のことが指摘できる．Belletti & Rizzi（1986），Legendre（1989b）などは，*plaire* や *manquer* のような経験者を与格で表すタイプの「心理動詞」を，非対格動詞と同様の構造をもつものとみなす．そうであるならば，これらの動詞の主語はもともと「2」であったということになる．したがってこれらの動詞の過去分詞も単独用法を許容するはずである．しかしながら次の(16)，(17)をインフォーマントに尋ねたところ，いずれも「不可」であった．

(16) *Plu à la plupart des étudiantes, ce costume est adopté comme uniforme du collège.

(17) *Manqués constamment ces dernières années, les vivres sont très chers dans ce pays.

これらはLegendre（1989a）の分析では説明できない．

4． 以上の考察をまとめると，フランス語における過去分詞の単独用法に関して次のように言うことができる．直接他動詞から派生された過去分詞の場合には，ほとんど問題なく単独用法が許容される．これに対して自動詞派生の過去分詞の場合にはいくつかの制約が課せられる．まず，単独用法が許容されるのは非対格動詞の場合のみであり，非能格動詞の場合には許容されない．ただ，この制約だけでは前節で指摘した(16)，(17)

のような文の非文法性が説明できない．

　我々は(16), (17)のような例を次のような形で説明することを提案する．非対格動詞の場合，すべてが過去分詞の単独用法を許容するわけではなく，動詞の意味に基づく制約が存在するのである．「非対格」として分類される動詞には，Jackendoff (1990) のいう «Event» の意味構造をもつものと，«State» の意味構造をもつものとがあるように思われる．このそれぞれは次のように記述される．

(18)　[Event GO ([THING], [PATH])]
(19)　[State BE ([THING], [PLACE])]

　«GO» という関数を含む(18)は，何らかの「変化 (changement)」の概念を含むものであると思われる．これに対して(19)は「変化」の概念を含まない．*arriver* や *venir* 等は空間的な変化を表す «Event» であるといえる．*mourir* は状態的変化を表す «Event» である．これに対して *plaire, manquer* 等は「変化」の概念は含まず，«State» であるということができる．非対格動詞で過去分詞の単独用法を許容するのは，«Event» 型のもののみである．この制約を設けることによって(16), (17)のような文を排除することができる．

5.　単独用法の過去分詞は名詞句にかかるものとして解釈される．たとえば (3a) の *partis* は *ils* にかかるし，(4)の *tombés* は *fruits* にかかる．この過去分詞と関係づけられる名詞句は(18)のような形で記述される非対格動詞の場合，GOという関数の第一項，«thème» の意味役割をになうものである，ということができる．この点において，*casser, fondre* のようなタイプの他動詞と共通性をもつ．これらの他動詞は対象に変化を

ひきおこすもので，次のような形で表される意味構造をもつ．

(20) *casser*

　　　[Event CAUSE([THING],[Event GO([THING], TO[CASSÉ])])]

これらの動詞の目的語は変化を受ける対象であり，thème の意味役割をもつ．したがってこれらの動詞の過去分詞が単独用法におかれた場合，関係づけられる名詞句は thème であるということができる．

　本章で論じてきた非対格動詞の過去分詞は，(20)のような意味構造をもつ他動詞の過去分詞の用法の「拡大」とでもいうべきものなのではないかと思われる．このタイプの他動詞が受動文として用いられた場合，「受動的動作」を表す解釈と「変化」の結果としての「状態」を表す解釈の両方が可能である．«Event» 型の非対格動詞は，これらの他動詞と意味構造的な共通点をもつがゆえに，この後者の用法を受けいれるのである．

　他動詞の過去分詞と，*venir, partir* 等の動詞の過去分詞の間の中間的なステイタスにあると思われるのが，次のタイプのものである．

(21)　　L'arbre *cassé* pendant la tempête…
　　　　　（Legendre 1989）

(21)は *L'arbre qui a cassé pendant la tempête* …と書きかえることができるものであり，*cassé* は自動詞としての *casser* の過去分詞である．*casser* のように対応する他動詞をもつ，いわゆる「転換動詞」の自動詞は，非対格動詞の一種とみなされるものであり，その意味構造は(18)のような形で表すことができる．*casser* の場合の意味構造は次のようになる．

(22)　[EventGO（[THING],TO [CASSÉ])]

このタイプの動詞が(21)のように単独用法におかれた場合，関

係づけられる名詞句は関数GOの第一項であり，thème の役割をになう．このような意味構造をもつものであれば，casser のように助動詞として avoir をとる動詞でも，過去分詞の単独用法を許容するのである．

6． 自動詞の過去分詞は単独用法におかれた場合，「変化」の結果である「状態」を表す．この用法の自動詞の過去分詞が，1節で指摘したように必ず「完了」の価値をもつのはこのためである．

　このことは次の現象とも関連する．「être+（他動詞の）過去分詞」という連鎖は二義性をもつことがしばしば指摘される．
(23) a. Les fusées sont installées en cachette
　　　b. Les fusées sont déjà installées
　　　　（Vikner 1985）
Vikner (1985) は，(23a) は「動作 (action)」を表し，能動文としては動詞を現在形においた (24a) に対応するものであるのに対して，(23b) は (24b) で表される先行する動作の結果である「状態 (état)」を表すものであるとする．
(24) a. Quelqu'un installe les fusées
　　　b. Quelqu'un a installé les fusées
Viknerは動詞を verbe d'événement と verbe de situation に分け，前者の目的語は événement が終結した時点で «nouvel état» にあるとする．そして「être+過去分詞」の連鎖が上記の二義性をもつのは verbe d'événement の場合のみであるとする．(25)の caresser のような verbe de situation の場合には結果的状態の読みはもたない．
(25) Eric est caressé

Vikner (1985) のいう verbe d'événement は,「変化」の概念を含む動詞であるということができる. したがって (23b) にみられる他動詞の過去分詞と, 単独用法の自動詞の過去分詞は [+changement], [+parfait] という二つの共通点をもつということができる.

7. 以上, 過去分詞の単独用法に関して考察してきた. 4節, 5節でみたように, 自動詞の場合には, この用法を許容するものは意味構造的に厳しい限定をうける. (18)のような構造をもつものしか許容されないのである.

　これに対して直接他動詞の場合は, 単独用法が許容される条件は, 専ら統語的に規定される性格のものであるといえる. 直接目的語をとる動詞であれば, 意味的な構造がどうであれ許容される. 直接目的語が動詞との関係においてになう意味的な役割も問題とはされないのである. そのため Legendre (1989a) が指摘するように,「3-2昇格」(例文(26)) や「Loc-2昇格」(例文(27)) を受けるものとされる動詞も用いられる.

(26) *Avertis* d'un danger imminent (par les hôtesses), les passagers mirent leur gilets de sauvetage.
　　　　(Legendre 1989a)

(27) *Habité* par une riche famille américaine, le château avait été complètement restauré.
　　　　(Ibid.)

　このことは本稿5節で主張した「拡大」という考え方をとりいれることにより説明できる. 直接他動詞の過去分詞の単独用法はより一般的な現象であるということができる. 自動詞の場合は, 直接他動詞の一部のもの, (20)のような形で記述される

第6章　フランス語の過去分詞と非対格仮説

ものをモデルとして，これと意味構造的な共通性をもつものにのみ，この用法が許容されるのである．

[注]

1) 過去分詞の単独用法を許容する自動詞には，厳密には *être* を助動詞としてとるものだけでなく，*avoir* をとるものもある．この点に関しては，本章5節を参照されたい．

2) 能動的な意味をもつ過去分詞には，この他に絶対用法で用いられた他動詞の過去分詞もある．

i) un homme *réfléchi*

ii) un homme *osé*

　　(以上Grevisse 1975)

このタイプのものは，Iguchi（1986）において示したように，本稿で扱うタイプの過去分詞とは性質の異なるものであり，区別して考えるべきものである．したがって以下の考察においてはこのタイプのものは除外する．

[参考文献]

朝倉季雄（1955）:『フランス文法事典』，白水社．

Belletti, A. & Rizzi, L.（1986）: «Psych-verbs and Th-theory», *Lexicon project working papers* 13, Cambridge, Mass., Center for Cognitive Science MIT.

Burzio, L.（1986）: *Italian Syntax*, Reidel, Dordrecht.

Grevisse, M.（1975）: *Le Bon usage*, dixième édition revue, Duculot, Gembloux.

Iguchi, Y.（1986）: «Sur l'emploi actif du participe passé», *Études de langue et littérature françaises de l'Université du Kyushu* 4.

Jackendoff, R. (1990) : *Semantic Structures*, The MIT Press, Cambridge, Mass.

Legendre, G. (1989a) : «Unaccusativity in French», *Lingua* 79.

Legendre, G. (1989b) : «Inversion with Certain French Experiencer Verbs», *Language* 65.

目黒三郎・徳尾俊彦・目黒士門（1966）:『新フランス広文典』, 白水社.

Vikner, C. (1985) : «L'Aspect comme modificateur du mode d'action : à propos de la construction être + participe passé», *Langue française* 67.

[文学作品からの引用]

Halévy, D., *L'enfant et l'étoile*, 第三書房, 1985.

第7章
en の遊離と非対格仮説

0. 従来自動詞とされてきた動詞を，非対格（inaccusatif ; ex. *arriver, venir*)／非能格（inergatif ; ex. *téléphoner, marcher*）に区別する考え方が，生成文法や関係文法の研究者等によってよく取り上げられる．GB理論による非対格動詞の説明は，概ね次のようなものである．非対格動詞は「目的語に対して格を与えず，主語に対しては θ 役割を与えない」という特性をもつ動詞として位置付けられる．これに従うと(1)は(2)のようなD構造をもつことになる．

(1) Un garçon est arrivé.
(2) [NP e] est arrivé un garçon.

un garçon は D 構造では目的語の位置を占めており，主語は空名詞句である．この構造に move-α と呼ばれる移動規則が適用されて，*un garçon* が主語の位置に移動したものが(1)である．また move-α が適用されるかわりに，主語位置に意味をもたない非人称の *il* が挿入されたものが(3)である．

(3) Il est arrivé un garçon.

本稿においては非対格動詞の代表的な特性のひとつとされる，主語からの *en* の遊離を許すという現象に注目し，意味的な面から問題の解決を試みる．

1. 名詞の補語として機能する *en* のうち，*en* が直接目的語と関係づけて解釈される場合は，ほとんど問題なく許容される (ex. J'en connais *l'auteur*.)．これに対して *en* が主語にかかる場合にはきびしい制約がある．従来主語からの *en* の遊離が許されるとされてきた構文は(4)のように分類することができる．

(4) a. 非対格動詞

　　La confirmation en （=de cette nouvelle） est arrivée à cinq heures.

　　（大木 1990b）

b. 受動文

　　La porte en （=de la maison） est fermée.

c. 受動的代名動詞

　　Ce veston, la doublure s'en lave en dix minutes.
　　(Bouchard 1988)

d. 中立的代名動詞

　　Le bruit s'en est vite répandu.

　　（Morin 1981）

e. phrase prédicative

　　La préface en （=de ce livre） est trop flatteuse.

　　（Couquaux 1981）

これに対して主語からの *en* の遊離を許さない構文は(5)のようなものである．

(5) a. 非能格動詞

　　*L'auteur en （=de ce livre） a téléphoné.

b. 他動詞

　　*L'auteur en （=de ce livre） a mangé une pomme.

c. 再帰的・相互的代名動詞

*Quand l'auteur (de LSLT) s'en regarde dans la glace le matin, à quoi pense-t-il?
(Bouchard 1988)

生成文法ではCouquaux (1981), Burzio (1986)らがこの現象を説明しているが，それは次のようなものである．(4)にあげた構文はすべて，D構造においては主語の位置が空であり，表層の主語は目的語の位置に存する，という共通の特徴をもっている．これに対して(5)の三つの構文の主語は，いずれもD構造から主語位置に生成されるものである．このことから「*en*はD構造において動詞の右側に位置する名詞句からのみ遊離できる」という仮説が導きだされることになる．

2. 主語からの*en*の遊離の可能性と，助動詞としての*être*の選択の関連性がしばしば指摘される．たしかに*arriver, venir*等の典型的な非対格動詞や代名動詞のことを考えれば，ある種の妥当性が感じられる．しかしながらMorin (1981)が指摘するように，(6)にみられるような動詞は助動詞としては*avoir*を選択しながら，主語からの*en*の遊離を許容する．

(6) a. Ce n'est pas l'envie qui m'en (=de le faire) *manque*.
　　b. L'idée m'en (=de le revoir) *plaît* assez.
　　c. L'idée ne m'en (=de le revoir) *sourit* guère.
　　　　(以上, Morin 1981)

これらの動詞はPostal (1971)がいう意味での心理動詞であり，経験者を与格としてとるものである（以下「与格型心理動詞」）．Bouchard (1988), Belletti & Rizzi (1986), Rizzi & Belletti (1988)等は，「心理主語移動規則（Psych-Movement）」の直観を，より新しい理論的枠組であるGB理論

にあった形で導入したものである．これによると与格型心理動詞の表層の主語は，非対格動詞と同様，深層では目的語であったものとされ，en の遊離も可能となる[1]．

ただこの構造に依拠した説明は，次のような問題を含んでいる．これらの動詞がこのような基底の構造をもつものであれば，非人称構文を許容することが予想される．たしかに *manquer* に関しては非人称構文が可能である．

(7) Il me manque de l'argent.

だが *plaire* はどうだろうか．Legendre（1989）は(8)の文を「可」とする．

(8) a. Il lui plairait sûrement beaucoup de pays.
   b. Il plairait beaucoup de femmes à Pierre.
       (Legendre 1989)

しかしながら筆者がインフォーマントに尋ねたところ，これらはいずれも「不可」であった．

主語からの en の遊離に関しては次のような問題もある．

(9) a. La confirmation en (=de cette nouvelle) est arrivée à cinq heures.
       ((++) bh (+) adeg (0) cf (-)   (--)   )
   b. L'auteur en (=de ce livre) est arrivé à cinq heures.
       ((++)   (+)   (0) e (-) d (--) abcfgh))
       (以上，大木 1990b)

同じ非対格動詞の *arriver* を用いた文であるのに，(9 b) に対する評価はかなり低いことを大木（1990）は指摘している．これは構造に依拠した従来の分析では説明できない．

3．本稿においては en の遊離の問題を，非対格仮説の直観を

生かしながらも「構造」によって説明するのではなく,「意味」の面から説明してみたいと思う. 意味・機能の面から en の遊離の問題を扱った研究に, 大野(1983), 大木(1990a, 1990b, 1991)がある. 本稿の関心の中心はあくまで動詞の語彙的特性にあり, 動詞がその項に与える意味役割, という観点から意味の問題に言及する. en の分布を考えた場合, 動詞の種別という要因は切りはなせないものと思われるからである. この点において上記の研究と我々の立場は異なる.

我々が提案するのは次のような制約である.
(10) en は行為者(acteur)もしくは経験者(expérienceur)の役割を担う名詞句からは遊離することができない.
非対格構文は深層においては(2)のような主語位置が空である構造をしているとされる. これは意味的には「主語が行為者ではない」ということを示唆するものであるといえる. 「行為者」は主語の位置に付与されるべき代表的な役割だからである. 受動文や受動的代名動詞, 中立的代名動詞など, 主語からの en の遊離を許すとされる構文はみな, 深層では空主語をもつとされるものであり, 「主語が行為者ではない」という条件を満たす. ただこのような形で定式化するには,「行為者」,「経験者」という役割のもつステイタスをはっきりさせておかなければならない.

そこでまず「行為者」という役割について考えてみたい. Jackendoff(1987, 1990)は文の概念構造は階層をなすものであり, 従来の「主題関係の層(thematic tier)」に加えて「行為の層(action tier)」が存在する, と主張している. 「主題関係の層」は動詞の表すさまざまな意味を空間的な概念に還元して表すもので,「主題(thème)」,「起点(source)」,「到達点

(cible)」,「位置 (location)」等がこの層に属する役割とされる.これに対して「行為者」は「被動者 (patient)」等とともに「行為の層」に属する役割であるといえる.

心理動詞は行為の層に関してはどのように記述されるのだろうか.Jackendoff (1990) は「経験者」を「出来事や状態によって影響を被るもの」とみなし,その意味において「被動者」の役割を担うものであるとしている.したがって感情をひき起こすものの方には「行為者」の役割が与えられる.Jackendoff によるこの分析は次のような問題を含んでいるといえる.「行為者対被動者」という関係は「影響関係(影響を及ぼす者と被る者)」という概念を軸としている.しかしながらすべての動詞を一律に,同じ「影響関係」という概念で規定してよいものであろうか.たしかに *Cette robe plaît à Marie.* などというとき,*Cette robe* と *Marie* の間には何らかの影響関係があるといえるかもしれないが,その関係は典型的な行為者－被動者の例である *Paul a tué Marie.* のような文にみられるそれとはかなり質の異なるものである.

Jackendoff (1987) は,「行為の層」の研究がこれから発展していくべき方向のひとつの可能性として次のような指摘をしている.

(11)　a. ACT (　　x　,　y　)
　　　　　　　acteur　　patient
　　　b. EXP (　　x　,　y　)
　　　　　　　expérienceur　percept

項の間の意味関係はこのように関数の形で表される.(11a) に示した「行為者」と「被動者」の関係を規定する «ACT» という関数が「行為の層」の研究の主要な対象とされているもの

であるが，Jackendoffはこれ以外に（11b）のような「経験者」と「知覚対象（percept）」の関係を規定する関数がこの層には存在する可能性がある，というのである．

　これはきわめて重要な指摘であるように思われる．「主題関係の層」の役割を規定する際に軸になっているのは「空間的」な概念である，というのはよく知られている．これに対して「行為の層」の役割を規定する際に軸になる概念は「出来事（événement）に対する項のかかわり方」ではないか，と思われる．そうであるならば，(11)の二つの関数は，この「かかわり方」の二つの典型を示すものであると思われるのである．

4．与格型心理動詞の意味構造は次のような形で記述することができるといえる．

(12)　　　　　　　*Cette robe* plaît *à Marie.*
　　　thematic tier　　thème　　　location
　　　action tier　　　percept　　expérienceur

非対格動詞の構文の(13)も同様に記述できる．

(13)　*Une bonne idée* est venue *à Paul.*
　　　　thème　　　　cible
　　　　percept　　　expérienceur.

　次の(14)における *Cent francs* と *me* の間の関係は，厳密には「感情」ではなく「所有」の関係である，ということができる．

(14)　*Cent francs me* restent.

したがって「行為の層」にはもうひとつ(15)のような「所有者」と「被所有物」の間の関係を規定する関数が存在する，と考えることも可能である．

(15) POSSESSION (x , y   )
                      possesseur   possédé

しかしながらこのような意味記述をする場合，常に問題になることであるが，「どこまで分類，記述をするのか」ということに留意しなければならない．これを決める基準は二つあるように思われる．ひとつはその述語がどのような統語構造として実現（réaliser）されるか，を決定する要因となるかどうかということ．もうひとつはその意味役割に言及することによって説明できる統語現象があるかどうか，ということである．このような観点からみた場合，EXP という関数から独立して POSSESSION という関数を新たに設ける必要はないものと思われる．「出来事に対する項のかかわり方」のタイプは(11)の二つで十分である．(14)は次のような形で記述される．

(16)   *Cent francs*   *me*   restent.
        thème   location
        percept   expérienceur

5． (10)の制約に組み込んだ「行為者」，「経験者」という概念は以上のような観点からとらえたものである．この二つは«ACT»，«EXP» という関数の第一項，「人間的項」ともいうべきものである．大木（1990b）の指摘する(9)のコントラストは次のような形で説明することができる．(9a)にみられる *arriver* は与格補語の *nous* をとることもできるものであり，その意味構造は(17)のような形で記述される．

(17) *La confirmation de cette nouvelle nous   est arrivée*
              thème   cible
              percept   expérienceur
    à cinq heures.

La confirmation de cette nouvelle と *nous* の間の関係は一種の「所有」の関係であり，その意味において「知覚対象」，「経験者」とみなすことができる．

　これに対して（9b）の *L'auteur* はむしろ「行為者」とみなすべきである[2]．

(18) *L'auteur de ce livre* est arrivé à cinq heures.
              thème
              acteur

つまり *arriver* のような空間的移動を表す非対格動詞には，*arriver*$_1$/*arriver*$_2$として区別すべき，二つのタイプがある，と考えるのである．これは生成文法でいう「二重の下位範疇化 (double sous-catégorisation)」の現象である，ということができる．いずれも「主題関係の層」における意味関係は同じである．違うのは「行為の層」における意味関係で，*arriver*$_1$(ex.(17)) は (11b) のEXPという関数で示されるものであり，*arriver*$_2$(ex.(18)) は (11a) のACTという関数で示されるものなのである．前者は *plaire* のような与格型心理動詞に近いものであり，後者はむしろ，*marcher* のような非能格動詞に近いものである．

　この「二重の下位範疇化」は，次の(19)にみられるような与格補語の許容性の相違も説明することができる．

(19) a. Une bonne idée *lui* est venue.
      b. *Des enfants *lui* sont venus.

(19a) は *venir*₁ の例文というべきものであり，EXP型の関数で表されるものである．(19b) は，ACT型の関数で表される *venir*₂ の例文である．(19a) の *lui* は，「経験者」の役割を担うものとして許容されるのである．

(9)のコントラストにもどろう．(9b) の主語は「行為者」の役割を担うものであるため制約(10)により，*en* の遊離は不可能となる．これに対して (9a) の主語は関数 EXP の第二項の知覚対象であり，「行為者」でも「経験者」でもない．このため *en* の遊離は許容される．

6． 制約(10)にはさらに次のような利点がある．Belletti & Rizzi (1986) はイタリア語において，経験者を対格で表す心理動詞 (以下「対格型心理動詞」) の目的語からフランス語の *en* にあたる *ne* を遊離した文は，許容度が低いことを指摘している．フランス語についてはどうだろうかとインフォーマントによる調査を行なったところ，(20)のような興味深い結果が得られた．

(20)　a.　*La nouvelle en（=de la compagnie）a effrayé *le président.*

　　　b.　*Sa conduite en（=de la compagnie）a dégoûté *le président.*

　　　c.　*L'article du Monde en（=de la compagnie）a intéressé *le président.*

　　　d.　*L'article du Monde en（=de la compagnie）a étonné *le président.*

いずれの文に対しても，インフォーマントははっきりと「不可」の評価を与えている．目的語からの *en* の遊離は比較的自由に

行なわれるものとされている．大木（1991）も直接目的語名詞句を限定する de NP の en 化については，(NPi de NPj において)「NPi がNPj に対して，より内在的 (intrinsèque) であればあるほど，容易に en 化することができる」という制約だけで十分である，としている[3]．しかしながら(20)における目的語からは en を遊離することはできないのである．一方，制約(10)はこの現象もうまく説明することができる．対格型心理動詞の目的語は「経験者」の役割を担うものだからである．

7． ただ制約(10)には次のような問題がある．主語からの en の遊離は与格型心理動詞においては可能であるが，対格型心理動詞においては不可能であることがBouchard（1988）等によって指摘されている．確かに(21)の文をインフォーマントは「不可」とする．

(21) a. *La préface* m'en（=de ce livre）intéresse beaucoup.
　　 b. *La découverte* en（=de ce manuscrit）a étonné tout le monde.

これらの文の主語名詞句は「知覚対象」の役割を担うものであり，「行為者」でも「経験者」でもないのだから en の遊離が許されそうなものであるが，実際には不可能である．

　この現象は，対格型心理動詞の主語を与格型心理動詞のそれから区別する他の要因がはたらいていることを示唆するものであり，en の遊離は制約(10)に加えてこの要因が関与するものと思われる．今後の研究課題として興味深いところである．

[注]

1）助動詞の選択に関しては次の問題もある．受動文は「受動態」

としての助動詞は確かに *être* であるが，複合時称の助動詞としては *avoir* をとる．したがって非対格動詞や代名動詞の場合とは事情が違う．Burzio（1986）はこれらの事実を前に，フランス語における助動詞の選択はイタリア語とは違ったシステムによって説明されねばならないと指摘している．(Burzioによるとイタリア語においては受動態の複合時称の助動詞は *essere* である.) フランス語においては，助動詞 *être* の選択と主語からの *en* の遊離の現象は，切り離して考えるべきものであると思われる．

2) このような文における空間型非対格動詞の主語が「行為者」の役割を担うということは，次のように主語が「行為者」であることを要求する副詞句と共起することによっても確認される．

i) Pierre est parti *à regret.*

なおi)のような現象はJackendoff（1972），Zubizaretta（1982），Keyser & Roeper（1984）等によって「二次的動作主（secondary agent）」と呼ばれてきたものである．

3) 大木（1991）は主語にかかる *en* と目的語にかかる *en* を区別し，前者は意味構造的には二重主題構造になっているものと考え，この制約に加えて制約2がはたらくものとしている（p. 36）．しかしながら(20)のような例を考えると，この二つは同一の制約で説明すべきものであると思われる．

[参考文献]

Belletti, A. & Rizzi, L. (1986) : «Psych-verbs and Th-theory», *Lexicon Project Working Papers* 13, Cambridge, Mass., Center for Cognitive Science MIT.

Bouchard, D. (1988) : «En-chain», *Advances in Romance*

Linguistics, Foris, Dordrecht.

Burzio, L. (1986) : *Italian Syntax*, Reidel, Dordrecht.

Couquaux, D. (1981) : «French Predication and Linguistic Theory», in May, R. & Koster, J. (éds), *Levels of Syntactic Representation*, Foris, Dordrecht.

Jackendoff, R. (1972) : *Semantic Interpretation in Generative Grammar*, The MIT Press, Cambridge, Mass.

Jackendoff, R. (1987) : «The Status of Thematic Relations in Linguistic Theory», *Linguistic Inquiry*, 18-3.

Jackendoff, R. (1990) : *Semantic Structures*, The MIT Press, Cambridge, Mass.

Keyser, S.J. & Roeper, T. (1984) : «On the Middle and Ergative Constructions in English», *Linguistic Inquiry*, 15-3.

Legendre, G. (1989) : «Inversion with certain French experiencer verbs», *Language*, 65.

Morin, Y. -C. (1981) : «Some Miths about Pronominal Clitics in French», *Linguistic Analysis* 8-2.

大木充 (1990a)：「名詞補語 de NP の en 化と他動性」,『フランス文化の中心と周縁』, 大阪外国語大学フランス研究会.

大木充 (1990b)：「名詞補語 de NP の en 化と生成文法」,『大阪外国語大学論集』第3号.

大木充 (1991)：「名詞補語 de NP の en 化：その機能と制約」,『フランス語学研究』第25号, 日本フランス語学会.

大野晃彦 (1983)：「名詞の補語 de NP の EN 化に関する談話法的制約について」,『フランス語学研究』第17号, 日本フランス語学研究会.

Postal, P. M. (1971) : *Cross-over phenomena*, Holt, Rinehart and

Winston, New York.

Rizzi, L. & Belletti, A. (1988) : «Remarques sur les verbes psychologiques, la θ-Théorie et le Principe de Liage» *Lexique* 7.

Zubizaretta, M.L. (1982) : *On the Relationship of the Lexicon to Syntax*, MIT Ph. D. Dissertation.

第三部

与格と項構造

＃ 第8章
拡大与格と体の部分の所有者を表す与格

0. はじめに

　フランス語の与格補語にはさまざまな用法がみとめられるが，本稿においては拡大与格，体の部分の所有者を表す与格の二つを論ずる．これは，近年生成文法の系統の諸理論において注目されている「項構造（argument structure）」の問題に対して，非常に興味深い示唆を与えるものである．本章においては，Jackendoff（1987）において提示された「行為の層」という概念に注目しつつ，問題の構文を分析し，「統語形式と意味的な役割との間の直接のリンキング」という考え方を導入することにより問題を解決することをめざす．

1. 問題の所在

(1) a. Jean *lui* a cassé sa vaisselle.
　　b. Paul a cassé trois verres *à Marie*.
(2) a. Jean *lui* a coupé les cheveux.
　　b. Jean a coupé les cheveux *à ce garçon*.

　(1)は Leclère（1976, 1978）が「拡大与格」と呼ぶ構文，(2)はいわゆる「体の部分の所有者を表す与格」の構文である．これらの構文に共通してみとめられる特徴は，動詞が論理的に

とる項（argument）ではない名詞句が，与格補語として文中に組み込まれている点にある．(1a) を例にとれば，*casser* は「こわす人」と「こわされる物」という二つの項をとる動詞である．従ってこの文において，動詞の意味から論理的に要求されている補語名詞句は，*Jean* と *sa vaisselle* のみである．与格補語である *lui* は，いってみれば「余分の名詞句」ということになる．他の例についても同じことがいえる．

　ところで生成文法の GB 理論においては，「投射の原理」から導かれる仮説として，文の統語的な構造は，主要部（head）の語彙的，論理的な構造によって決定される，という立場が広く支持されている（cf. Chomsky 1986）．これに従えば，文中に存在する名詞句はすべて主要部によって論理的に選択されたものであり，それ以外の名詞句は，position として文中に存在することさえ許されない，ということになる．ところが上記 (1)-(2) における与格補語は，主要部である動詞の論理的な項をなしてはいないのである．この現象は，どう説明したらよいのであろうか．

　ここでひとつ指摘しておかねばならないのは，与格補語の統語的なステイタスである．フランス語の与格補語は「à+NP」という形をしているが，例文(3)にみられるような，いわゆる状況補語として用いられる他の前置詞句とは異なる特性を示す．

(3)　Jean a lu un livre *pour Marie.*

　Vergnaud（1974）はいくつかの統語的テストを通じて，与格補語は前置詞句というよりむしろ，名詞句とみなすべきである，と述べている（pp. 246-248）[1]．

　意味的にいっても，*pour, dans* 等，他の前置詞が非常に限定された固有の意味内容をもっているのに対して，*à* は意味的に

希薄であり、またそれゆえにさまざまな用法において用いられる、ということができる。この点においても与格補語は、状況補語として用いられる前置詞句よりも、目的語、主語等の機能を果たす名詞句に近いものである、といえる。

例文(3)の *Marie* は前置詞から意味的な役割（θ役割）を与えられるものであり、状況補語として自由に文中に組み込むことができる。一方、例文(1)−(2)における与格補語はこれとは全く異なる統語的ステイタスを持つものである。これらの与格補語はどうして文中に組み込むことができるのであろうか。

この問題を解決するには、動詞等の述語（prédicat）と項（argument）との間の関係を再考する必要があるように思われる。次節においては Jackendoff（1987）において提示された理論を紹介し、それが文の意味的な構造を論ずる上でどのような意味を持つものであるのか、考えてみたい。

2. 概念構造における「行為の層」

2.1. Gruber（1965）以来、項が述語に対してになう意味的な役割は「主題関係（relation thématique）」という観点から規定されてきた。これは動詞の表すさまざまな概念を、空間的な「移動」の概念に還元して表示するものである。たとえば *Paul donne un livre à Marie.* という文では、*un livre* が所有権において *Paul* から *Marie* に移動する。従ってこの三者には、それぞれ「主題」、「起点」、「到達点」の「主題役割」が与えられるのである。

ところがこのシステムでは、*frapper, battre* というような、「移動」の概念に還元しにくい動詞の意味構造を記述することは困難である。この点を指摘した Jackendoff（1987）は、文

の概念構造は階層をなすものであり，従来の「主題関係の層 (thematic tier)」に加えて「行為の層 (action tier)」が存在する，と主張した．「行為者 (actant)」，「被動者 (patient)」等は「行為の層」に属する役割である，とみなされる．

2.2.「主題関係の層」の役割は，「移動」の概念を軸にして規定されるものであった．それでは「行為の層」の役割を規定する際，軸になっている概念は何なのであろうか．この点について Jackendoff は明確には述べていない．ただ彼は「被動者」という役割を定義する際，«object affected»（影響を被るもの）という表現を何度か用いている．この「影響を被る」という概念が，行為の層においては非常に重要な意味を持つものと思われるのである．「被動者」，「行為者」等，行為の層に属する役割は，非定式な言い方をすれば，述語によって表現される「出来事 (événement)」に対する項の「かかわり方」を表すものである，と思われる．

　本稿においては「受益者 (bénéficiaire)」という役割を，行為の層における役割のひとつとして加えることを提案する．この役割もまた，概念上，同じレベルに属するものと考えられるからである．「被動者」が行為によって直接的な影響を受けるものであるとすれば，「受益者」は間接的な影響を受けるものである．また「被動者」が，主題関係の層における「主題」（空間的，あるいは状態的変化の対象）の役割としばしば重複してになわれるのに対して，「受益者」にはこれはみられない．フランス語の与格補語は，多くの場合，この「受益者」の役割をになうものであるといえる[2]．次の (4a)－(4b) における与格補語は，主題関係の層においては，「到達点」，「起点」とい

う正反対の方向を表す役割をになうものであるが，行為の層においては，共に受益者の役割になっているのである[3]．

(4) a. Paul donne un livre *à Marie*.

　　b. On *lui* a volé son passeport.

3．統語形式と意味的な役割との間の直接のリンキング

3.1. 第1節において指摘した問題に話をもどそう．ここで注目したいのは，問題の二つの構文に課せられた，きびしい意味的な制約である．

(5) a. Elle lui a démoli sa maison.

　　b. Elle lui a tué sa femme.

(6) a. *Tu lui rêves de sa femme.

　　b. *Tu lui aimes bien ses enfants.

　　　　（以上，Kayne 1977）

Kayne（1977）や Leclère（1976）によると，(5)のように与格補語の表す人物が，事行によって何らかの影響を被る場合には，与格補語は容認される．これに対して(6)のように「影響関係」がみとめられない場合には，この構文は非文とされるのである．

　体の部分を表す名詞句を含む場合にも，Kayne（1977）が指摘するように，同様の制約はみとめられる．

(7) a. Elle lui a mis une écharpe autour du cou.

　　b. La crème lui a coulé sur la tête.

(8) a. *Elle lui pensait aux oreilles.

　　b. *Tu lui aimes bien les jambes.

　　　　（以上，Kayne 1977）

　興味深いことに，この「事行によって影響を被る」という概念は，前節において指摘したように，「行為の層」に属する役

割を規定する際に，鍵となる概念なのである．

3.2. Jackendoff (1987) は，文法機能 (fonction grammaticale) と行為の層に属する役割との間の結びつきの強さを指摘し，「主語と行為者」，「目的語と被動者」という一般的なリンキング規則の存在を示唆している．この場合「主語」や「目的語」というのは，統語構造上の「位置」によって置きかえられうる概念である[4]．また「主格」，「目的格」という「格」[5] をになう名詞句であるということもできる．いずれにしても「与格」という概念と同列の，「統語形式 (forme syntaxique)」にかかわる概念である．Jackendoff (1987) のいうリンキング規則は「文」における「形」と「意味」を結び付ける規則であるといえる．

ただここで Jackendoff (1987) が指摘しているのは，動詞によって論理的に選択された項の場合における，主語や目的語と，意味的な役割との間のリンキングである．我々はこれを一歩進めて次のような仮説を提案する．それぞれの統語形式と，行為の層に属する役割との間の結びつきは非常に強いものであるがゆえに，それをモデルとした形で，動詞の論理的な項をなさない場合でも，統語形式に対して，対応する役割が直接与えられる，という可能性が出てくるのである．(5)や(7)における与格補語は，「与格」という「格」を持つ名詞句であるがゆえに，「受益者」すなわち「事行によって間接的に影響を被るもの」として解釈される．この直接のリンキングが認められるのは，文脈上矛盾をきたさない場合に限られる．(6), (8)のように「受益者」としての解釈と文脈的意味とが相容れない場合には，非文として排除されることになる．

4. 語彙的特性による分析案との比較

　我々は，(1)–(2)のような文においては，「受益者」の役割は「与格」という統語形式によって与えられるものと考える．

　これとは異なる分析の可能性としては，この役割を動詞によって与えられるものとみなす立場が考えられる．つまりこの構文を許す動詞は「受益者の役割を随意的に与える」という特性を持つものとして語彙目録（lexicon）に記載されている，とする立場である．

　しかしながらこれには少し無理があるように思われる．この構文を許す動詞はかなりの多様性を示しており，その意味構造も一様ではない．最もよくみられるのは *casser* や *couper* 等の，「使役動詞」と呼ばれる，他のものに及んで変化を起こさせるタイプの他動詞である．これらの動詞に限られるのであれば，語彙的特性と考える余地もありそうに思われるが，実際には(9)のように，自動詞もこの構文をとることができるのである．

(9)　a.　Les insectes lui couraient sur les jambes.

　　　b.　La crème lui a coulé sur la tête.

　　　　　（以上，Kayne 1977）

これらの自動詞の意味構造は，*casser* 等のそれとはかなり異なるものである．また(10)のように，「使役動詞」とはみなされないタイプの他動詞もこの構文をとることができる．

(10)　(…), il vit un monsieur qui contait des galanteries à une paysanne, tout en *lui maniant* la croix d'or qu'elle portait sur la poitrine.

　　　　　（Flaubert, *L'éducation sentimentale*, p. 2）

　共通の意味基盤がみとめられないこれらの動詞に，同じ選択特性（propriété séléctionnelle）を想定するのは妥当なことと

は思われない．したがって「受益者」の役割付与を，動詞の語彙的特性とみなすのは，適当ではないと思われるのである．

5. 与格補語と「所有」の概念

ところで(2)や(7)にみられるような体の部分の所有者を表す与格は，しばしば「所有」という概念と結び付けられた特別なものとして分析される（cf. Jaeggli 1981）．しかしながら我々は，この与格も，拡大与格と同じ「受益者」の役割をになうものであり，特別なものとみなす必要はない，と考える．

直接目的語等，動作の直接的な対象となる名詞句が，体の部分を表すものであるならば，その所有者は当然，事行によって影響を受ける人物である，と考えられる．「所有」は「影響関係」の典型的な事例なのである．

このことは「所有」という概念が，拡大与格の構文においても重要な役割を果たしている，という事実によっても裏付けられる．Leclère (1978) は，(11a) のように *lui* と直接目的語の間に所有関係がみとめられる場合の方が，(11b) よりも容認可能性がずっと高くなる，と指摘している．

(11) a. On lui a cassé *sa vaisselle*.
   b. ?On lui a cassé *la vaisselle*.

ただこの二つの構文の間には，冠詞をめぐる相違がある．

(12) a. Paul lui a cassé *sa* vaisselle.
   b. Paul lui a cassé *le* bras.

しかしながら，これは両構文の間の構造的な相違を示すものではなく，フランス語における「体の部分を表す名詞」そのものが持つ特性によるものである，と考えられる．なぜなら与格補語を伴う構文だけでなく，他のさまざまな構文において，体の

第8章　拡大与格と体の部分の所有者を表す与格　　　*151*

部分を表す名詞は，定冠詞と共に用いられながら，文中の他の名詞句と所有関係にある，と解釈することが可能だからである．

(13)　Elle a levé *la main*.
(14)　Elle l'a frappé *au visage*.
(15)　Sylvie a *les yeux* bleus.
　　　cf. Elle a *son mari* malade.　（Furukawa 1987）

(15)はFurukawa（1987）が「二重主題」の構文と呼ぶものであるが，この構文においても，体の部分を表す名詞には定冠詞，その他の名詞には所有形容詞，という交替がみられる．

6. 結　語

　文の統語的な構造は，基本的には主要部の語彙的な構造によって決定される．Jackendoff（1987）のいうリンキング規則は，論理的な項と，それが実現される際の統語形式との間の対応関係を規定したものである，ということができる．この規則が，「行為の層」に属する役割を中心に規定されているということは，«affecté», «agentivité» 等，「出来事に対する項のかかわり方」に関する概念が，上述の対応関係を決定する上で非常に重要な要因となっていることを示唆するものである．そしてこの対応関係は，語彙のレベルをこえて，談話レベルまで拡大される可能性をもっている．本稿で論じた二つの与格構文はその例であるといえる．こうして *donner* や *voler* 等と共起する，動詞によって語彙的に選択された「受益者」である与格補語と，この二つを連続線上において説明することができるのである．

[注]

1）Vergnaud のテストは次のようなものである．第一に，等位接

続された前置詞句は関係節の先行詞にはなれないのであるが，与格補語の場合はこれが可能である．

(i) a. *Il compte sur l'homme et sur la femme qui se sont rencontrés hier.

b. Il parle à l'homme et à la femme qui se sont rencontrés hier.

第二に，与格補語における *à* が前置詞であるならば，等位接続された名詞句を支配することができるはずであるが，これは許されない．

(ii) a. Ils se sont assis sur la table et les chaises.

b. *Ils ont parlé à Marie et le directeur.

cf. Ils ont parlé à Marie et au directeur.

2) 与格補語はすべて「受益者」の役割をになう，というわけではない．たとえば *parler, plaire* 等の動詞の与格補語は「受益者」とは考えにくい．

3) (4b) の *lui* は厳密には「受益者」というより「犠牲者 (victime)」である．ただこの二つは，「利害関係」というレベルにおいて事行とかかわるものを表すという点において共通している．行為の層の役割を規定する際の基準が「出来事に対する項のかかわり方」であるとすれば，この二つを独立した役割とみなす必要はないものと思われる．

4) 「主語」とは S に直接支配される NP であり，「目的語」とは VP に直接支配される NP である，という Chomsky (1965) 以来の定義に基づくものである．

5) ここでいう「格」とは，GB理論における «Case» である (cf. Chomsky 1981)．

[参考文献]

Chomsky, N.（1965）: *Aspects of the Theory of Syntax*, MIT Press, Cambridge, Mass.

Chomsky, N.（1981）: *Lectures on Government and Binding*, Foris Publications, Dordrecht, Holland.

Chomsky, N.（1986）: *Knowledge of Language*, Praeger Publishers, New York.

Furukawa, N.（1987）: «*Sylvie a les yeux bleus* : construction à double thème», *Linguisticae Investigationes*, XI, 2.

Gruber, J.-S.（1965）: *Studies in Lexical Relations*, MIT Phd dissertation.

Jackendoff, R.（1987）: «The Status of Thematic Relations in Linguistic Theory», *Linguistic Inquiry*, Vol. 18, No. 3.

Jaeggli, O.（1981）: *Topics in Romance Syntax*, Foris Publications, Dordrecht, Holland.

Kayne, R.-S.（1977）: *Syntaxe du français*, Seuil, Paris.

Leclère, Ch.（1976）: «Datifs syntaxiques et datif éthique», in J.-C. Chevalier & M. Gross（éds）, *Méthodes en Grammaire Française*, Klincksieck, Paris.

Leclère, Ch.（1978）: «Sur une classe de verbes datifs», in *Langue française*, No. 39.

Vergnaud, J.-R.（1974）: *French Relative Clauses*, MIT Phd dissertation.

山田博志（1985）:「間接目的語について」,『フランス語学の諸問題』, 三修社.

[文学作品からの引用]
Flaubert, G., *L'éducation sentimentale*, Garnier, 1961.

第9章

Jean lui a cassé sa vaiselle / le bras にみられる与格について

1. (1)は Leclère (1978) が「拡大与格」と呼ぶ構文，(2)は「体の部分の所有者を表す与格」を含む構文である．（間接目的語の代名詞，à+NPの両方を「与格」と呼ぶことにする．）

(1) a. On *lui* a cassé sa vaiselle. (L)[1)]
    b. Elle *lui* a tué sa femme. (K)
    c. Marie *lui* a bougé son lit. (L)

(2) a. Jean *lui* a cassé le bras.
    b. Charles *lui* a tordu le bras.

拡大与格は，その文が表す行為によって何らかの影響を受ける人物（受益者もしくは被害者）を表す．この用法にはかなり強い構文的制約が課せられており，ほとんどの例が直接目的補語を伴った他動詞構文である．

(3) a. *Sa femme *lui* est morte. (K)
    b. *Son bébé *lui* a pleuré toute la nuit.
    c. *Le coq *lui* a chanté à trois heures du matin.

自動詞の構文である（3a-c）に対する評価はいずれも「不可」である．ただ自動詞であっても次のような場合には許容される．

(4) a. Le chiot *lui* a pissé dans ses laitues. (B)
    b. Les gosses *lui* ont gribouillé sur tous les murs. (B)

これらの事実は次のことを示唆するものと思われる．拡大与格は動作の直接的な影響を受ける名詞句が文中に存在する場合にのみ許容されるのである．最も代表的なのは直接目的語の場合であるが，(4)の *ses laitues, tous les murs* のように，前置詞句に含まれる名詞の場合もある．

一方，体の部分の所有者を表す与格の方は，かなり構文的に自由である．よくみられるのは(2)のような他動詞の構文であるが，次に示すように自動詞の例も多い．

(5) a. Les insectes *lui* couraient sur les jambes.（K）
　　b. La petite boule de neige *lui* a fondu sur l'épaule.
　　c. Des pierres *lui* tombaient sur la tête.（B）
　　d. ?La barbe *lui* pousse vite.
　　　　［可：2, 疑：1, 不可：2］[2)]

(3)−(5)のような例文に関しては，第11章においてさらに考察を行なう．

2． この二つの用法の与格は，à+NP という連鎖よりも，代名詞の形をとった方が許容度が高いことが多い．

(6) a. *Jean a cassé sa vaisselle *à Marie*.
　　　　［可：0, 疑：1, 不可：4］
　　b. ?Jean a cassé ces trois verres *à Marie*.
　　　　［可：0, 疑：2, 不可：3］
(7) a. *Le chiot a pissé dans ses laitues *à Paul*.
　　　　［可：0, 疑：0, 不可：5］
　　b. ?Le chiot a pissé dans les laitues *à Paul*.
　　　　［可：1, 疑：3, 不可：1］

所有形容詞を含む (6a), (7a) の方がさらに悪いのは，Barnes

（1985）が指摘するように，所有形容詞が同一の対象を指示する名詞に先行している，という構造的原因によるものと思われる．

体の部分の所有者を表す与格の場合は，構文によって許容度に違いがみられる．

(8)　（?）Jean a cassé/tordu le bras *à Paul*.

体の部分の名詞（substantif de partie du corps；以下 pc 名詞と略記）が直接目的語の位置を占める構文のうち，(8)のような文に関しては，かなり評価が分かれる．Kayne（1977）は *on a cassé le bras à ce garçon* に対して，*lui* や *de ce garçon* を用いた文にくらべれば僅かばかり不自然であるとの指摘を加えてはいるが，「可」の評価を与えている．筆者の調査の結果は［可：1，疑：3，不可：1］であった．一方，(9)に対しては評価は高くなる．

(9)　Elle lave les cheveux *à Paul*.
　　　［可：4，疑：1，不可：0］

この違いはおそらく，(8)では à+NP は「被害者」であるのに対して，(9)ではむしろ「受益者」と解釈されやすいということに関係があるのではないか，と思われる．

(10)のように自動詞の構文で pc 名詞が状況補語に含まれる場合には許容度は低くなる．

(10)　a.　?Les insectes couraient sur les jambes *à Paul*.
　　　b.　?La petite boule de neige a fondu sur l'épaule *à Marie*.

評価はともに［可：0，疑：3，不可：2］である．(11)のように pc 名詞が動作の直接的対象である場合にも評価は［可：0，疑：3，不可：2］であった．

(11)　?Elle a tapé sur la tête *à Paul*.

(12)は pc 名詞が主語の例である．
(12)　?La barbe pousse vite *à Paul.*
　　　［可：0，疑：2，不可：3］

成句的な(13)においては許容度はさらに低い．
(13)　*La tête tourne *à Paul.*
　　　［可：0，疑：1，不可：4］
　　　cf. La tête *lui* tourne.

　以上，「拡大与格」と「体の部分の所有者を表す与格」について，特に「構文」という側面に注目しながら分析してみた．この二つの用法の類似点と相違点をどのように文法の理論の中で位置付けていくか，今後の課題として興味深いところである．

[注]

1) 例文の出典は以下の通りである．
B：Barnes（1985），K：Kayne（1977），L：Leclère（1978）．印のないものはインフォーマントによるものである．快く調査に応じて下さった方々に厚く御礼申し上げる．
2) [　] 内はインフォーマントの評価の内訳を示す．

[参考文献]

Barnes, B.K.（1985）：«A Functional Explanation of French Nonlexical Datives», in *Studies in Language* 9-2.

Kayne, R.-S.（1977）：*Syntaxe du français*, Seuil, Paris.

Leclère, Ch.（1978）：«Sur une classe de verbes datifs», *Langue française*, 39.

山田博志（1985）：「間接目的語について」，『フランス語学の諸問題』，三修社．

第10章
与格の拡大用法と二重主題構文
── 統語構造と談話構造 ──

0. はじめに

(1) Jean lui a cassé sa vaisselle.

(2) Jean lui a coupé les cheveux.

　第8章，9章でもみてきたように，(1)はLeclère（1976, 1978）が「拡大与格」と呼ぶ構文，(2)はいわゆる「体の部分の所有者を表す与格」を含む構文である．我々はこの二つの構文においてみられる与格を「拡大用法の与格補語」と呼ぶことにするが，これらは，*donner*や*voler*と共起する「語彙的与格」とは異なり，動詞が論理的に選択する項ではない，という特徴をもっている．

　本章においてはまず，拡大用法の与格補語においてみられる「接語代名詞の制約」に注目することにより，この構文のもつ興味深い特性を明らかにしていく．

　次にこの構文と，*Sylvie a les yeux bleus* に代表されるフランス語の二重主題構文，及び「象は鼻が長い」に代表される日本語の二重主題構文の間においてみとめられる，類似性を指摘する．これらの分析を通して，統語構造的要因と談話構造的要因が，「文法」においてどのように作用し合っているのか，考えてみたい．

1. 拡大用法の与格補語を含む構文
1.1. 接語代名詞／à+NP

(1)−(2)にみられるタイプの与格補語は,「à+NP（名詞句）」という連鎖より, 接語代名詞（clitique）の形をとった方が文法性が高いことが多い, ということがしばしば指摘される. 本稿においてはこれを「接語代名詞の制約」と呼ぶことにするが, この制約は拡大与格において特に顕著にみられる.

(3) a. Jean *lui* a cassé sa vaisselle. （=(1)）
　　b. On *lui* a tué sa femme.
(4) a. *Jean a cassé sa vaisselle *à Marie*
　　b. *On a tué sa femme *à Paul*.

与格の接語代名詞 *lui* を含む（3 a-b）はいずれも問題ないが, 対応する（4 a-b）はすべて非文とされる.

(5) a. Paul lui a cassé ces trois verres.
　　b. ?Paul a cassé ces trois verres à Marie.[1]

（5 b）の評価は《*》ではなく《?》であるが, いずれにせよà+NPの方が許容度が低くなっている.

　体の部分の所有者を表す与格の場合には問題はもう少し複雑である.

(6) a. Jean *lui* a coupé les cheveux. （=(2)）
　　b. Jean *lui* a cassé le bras.
(7) a. Jean a coupé les cheveux *à ce garçon*.
　　b. Jean a cassé le bras *à Paul*.

(6)−(7)が示すように, 体の部分を表す名詞句が直接目的語である場合には, 接語代名詞, à+NPともに許容される. しかしながら, 体の部分の名詞句が前置詞句に支配されている場合にはà+NPの許容度はかなり低い.

第10章　与格の拡大用法と二重主題構文

(8) a. Les insectes *lui* couraient sur les jambes.
　　b. La crème *lui* a coulé sur la tête.[2)]
(9) a. ?Les insectes couraient sur les jambes *à Paul*.
　　b. ?La crème a coulé sur la tête *à Paul*.[2)]

　体の部分の名詞句が主語の位置を占めている場合にも，同様の傾向がみとめられる．

(10) a. La barbe *lui* pousse vite.
　　 b. ?La barbe pousse vite *à Paul*.

　Kayne（1977）によれば，体の部分を表す名詞句が，直接目的語の位置を占める場合においてさえ，次の(11)-(12)が示すように，接語代名詞の方が好まれる例もある．

(11) a. Paul *lui* a embrassé le front.
　　 b. La poussière *lui* a noirci les jambes.
(12) a. ?Paul a embrassé le front *à Marie-Claire*.
　　 b. ?La poussière a noirci les jambes *à ce garçon*.

　このように，制約としての強さは少し緩くなっているとはいえ，体の部分の所有者を表す与格においても，「接語代名詞の制約」はみとめられる．

1.2. 旧情報／新情報

　接語代名詞／*à*+NPという対立は，談話機能という観点からみると，非常に興味深い示唆を含むものであるといえる．プラーグ学派的な「情報の新・旧」という考え方にもとづけば，接語代名詞は次の二点において旧情報を担うのに適した言語形式である，ということができる．

　第一に「代名詞」という指示的な性格を持つもの である以上，先行文脈にすでにあらわれた旧情報を担うものであると考え

のは，ごく当然のことである．

　第二に文の線的な語順を考えてみても，動詞よりも前に置かれる接語代名詞は，比較的旧情報を担いやすい位置にあるといえる．これに対して文末に置かれることの多い「*à*+NP」の連鎖は，多くの場合新情報を担っているということができる．前節において指摘した「接語代名詞の制約」は，当該の構文は，与格補語が旧情報を担っている場合には許容されやすいが，新情報を担っている場合には文法性が著しく低下する，ということを示している．どうしてこのような制約が存在するのであろうか．

1.3. 統語構造的問題
——余分の名詞句——

　拡大用法の与格補語の談話的特性を示しているこの制約は，当該構文のもつ統語構造上の特異性と深いかかわりをもつものである，と我々は考える．

　Chomsky（1986）によると，「投射原理（projection principle）」から導かれる仮説として，文の統語的な構造は，専ら主要部（head）の語彙的・論理的な構造によって決定される．これによると，主要部が論理的に選択する項ではない名詞句が文中に存在することは許されない．ところが本稿において問題にしている拡大用法の与格補語は，主要部である動詞の論理的な項をなしてはいない．（1）を例にとると，*casser* が論理的に要求する名詞句は *Jean* と *sa vaisselle* のみであり，与格補語である *lui* は，いってみれば「余分の名詞句」ということになる．

　前述の Chomsky によって示された仮説は，文の基本的な構造を決定する，非常に重要な原則である，と我々は考える．従

って拡大用法の与格補語を含む構文は，一般的な原則から逸脱する，非常に特殊な構文，有標の構文である，ということができる[3]．

このような有標の構文が用いられる背景には，与格補語が指示する人物を，「topique（話題）」として，同一文中にぜひ導入したい，という話者の強い意図が感じられる．与格補語が*à*+NP という形で表されている場合には，新情報をになうものとして解釈されやすく，従って「話題」であるとみなすことはできない．そのため，不自然な文になってしまうのである．

2．フランス語の二重主題構文

(13)　Sylvie a les yeux bleus.

(14)　Sylvie a des yeux bleus.

(13)−(14)は，形の上では冠詞の *les* が *des* におきかえられただけであるが，構文としては全く異なるものである，ということがしばしば指摘される．

(14)においては，*avoir* は *posséder* の意味を持ち，*bleus* は *des yeux* の付加形容詞である．これに対して，(13)においては，*avoir* は本来の *posséder* の意を失い，一種の繋辞（copule）として機能している．(13)は意味的には，むしろ(15)に近いものである，ということができる．

(15)　Les yeux de Sylvie sont bleus.

古川（1986），Furukawa（1987）は，(13)の型の構文を「二重主題構文」と呼び，「象は鼻が長い」に代表される，日本語の「ハ・ガ構文」に対応するものである，と主張する．従って(13)を日本語に訳せば「シルヴィーは目が青い」ということになる．以下はFurukawa（1987）からの引用である．

Plus précisément, on peut dire que dans la phrase *Sylvie a les yeux bleus*, par exemple, le locuteur prend *Sylvie* en tant que cadre thématique de la phrase, et ensuite, précise ce dont il parle comme étant ses yeux, et enfin, prédique de ses yeux qu'ils sont bleus.

(p. 290)

2.1. 拡大用法の与格補語の構文と二重主題構文の類似性

Sylvie a les yeux bleus の型の構文は，いくつかの非常に興味深い点において，拡大用法の与格補語の構文と類似している．

例文(13)の意味構造を考えた場合，論理的な述語（prédicat）は *bleus* である，ということができる．*bleus* は唯一の項として *les yeux* をとる．主語である *Sylvie* は *bleus* の論理的な項をなしてはおらず，「余分の名詞句」である，ということができる．この点において，拡大用法の与格補語と同じステイタスにあるものである，といえる[4]．

第二に「二重主題構文」という名称からも明らかなように，「余分の名詞句」は「主題」あるいは「話題」という資格で文に挿入されている．この点においても，拡大用法の与格補語と共通している．

以上の考察から，この二つの構文は，述語によって論理的に選択された項ではない名詞句を，「話題」として文中に組み込んでいる，非常に特殊な構文である，ということができる．この両構文に共通してみとめられる特殊性は，次節において詳述する第三の共通点，「所有の制約」をも説明するものである．

2.2.「所有」の制約

　Furukawa (1987) は *Sylvie a les yeux bleus* 型の構文において，次のような制約の存在を指摘している．すなわち，直接目的語の限定辞として定冠詞が用いられるのは，主語の体の部分を表す名詞の場合のみであり，一般の名詞の場合には所有形容詞の使用が義務的となるのである．

(16)　a.　Sylvie a *les yeux* bleus.　(=(13))

　　　b.　*Sylvie a *les enfants* intelligent.

　　　c.　Elle a *son mari* malade.

きわめて興味深いことに，これとほぼ平行の現象が，拡大用法の与格補語の構文においてもみとめられる．

(17)　a.　On lui a cassé *le bras*.

　　　b.　?On lui a cassé *la vaisselle*.

　　　c.　On lui a cassé sa *vaisselle*.

(17b)は非文でこそないが，所有形容詞を用いた(17c)に比べて容認可能性がずっと低くなることが，Leclère (1978) によって指摘されている (p. 68)．

　(16), (17)の事実は次のことを示唆する．すなわち，この二つの構文においては，「余分の名詞句」が，文中に存在する他の名詞句の「所有者」であるということが，ほとんど「制約」といってもいいほどに求められているのである．

　我々は，この現象もまた，前節において指摘した，両構文に共通の特性に由来するものであると考える．述語によって論理的に選択された項ではない名詞句を含む，という有標の構造をもつこれらの構文が用いられるのは，「余分の名詞句」が「話題」として機能している場合に限られる．従って「余分の名詞句」と，文の他の部分との間の話題的なつながりが明白である

場合の方が，容認可能性が高くなるのは当然のことといえる．「所有」の関係は，このような話題的なつながりを想起させる概念の代表的なものなのである．たとえばハインズ・岩崎（1987）は，ディスコースの中である人物がトピックとみなされる場合，その人物にまつわるもろもろの物，付帯物もまたトピックとしてとりあげられることがある，ということを指摘し，これを「サブトピック」と呼んでいる（p.77）．

　また，「体の部分を表す名詞」を含む構文に関していえば，その名詞と与格補語の関係は，所有の関係であると同時に，「部分と全体」の関係であるともいえる．福地（1985）は，他の語の表す物から別の概念を連想させる意味関係の代表的なものとして，この「部分と全体」の関係をあげている（p. 28）．「所有の制約」は，この二つの構文において，余分の名詞句が話題として機能している，という特性に由来する，二次的な制約である，ということができる．次の(18),(19)は，「余分の名詞句」と文の他の部分とのかかわりが明らかな場合には，「所有」の関係が存在しなくても許容されることを示している．

(18)　Elle lui a tué Marie-Claire.

(19)　J'ai Jenny qui m'attend au d'Harcourt.[5]

Kayne（1977）は，*Marie-Claire* と *lui* の間に密接なかかわりがある場合にのみ，(18)は許容されるという（p. 165）．

　(19)は直接目的語の後に関係節を従えた構文で，二重主題構文の一種とみなされるものである．この構文においても，多くの場合，主語と直接目的語との間に「所有」の関係がみとめられる．

(20)　a.　*J'ai le cœur* qui bat très fort.

　　　b.　*Elle* a *son bébé* qui pleure toutes les nuits.

しかしながら，(19)においては「所有」の関係はみとめられない．この文を発話する際，話者は，*Jenny m'attend au d'Harcourt* という事行にかかわりのあるものとして，*J'* を同一文中にむりやり割り込ませているのである．そして *J'* はこの文において「話題」として機能している．関係節中の *m'* の存在は，*J'* と事行とのかかわりを明示的に表す要素として働いているともいえる．

3．日本語の二重主題構文
3.1．「余分の名詞句」を含む構造
(21) 象は鼻が長い．

　この文に代表される日本語の「ハ・ガ構文」は，これを表題とした三上章の代表的著作をはじめ，内外の言語学者の注目を集めてきたものである．

　我々はこの構文の特殊性は，前節までで論じてきたフランス語の二つの構文と同様，述語によって論理的に選択された項ではない「余分の名詞句」を，「話題」として文中に組み込んでいる点にある，と考える．(21)の文の述語は形容詞である「長い」であり，これが論理的に選択する唯一の項は「鼻が」である．従って「象は」は「余分の名詞句」ということになる．

　ただ，ここで指摘しておかねばならないのであるが，この場合における「余分の名詞句」という性格付けは，拡大用法の与格補語の場合とは異なり，1.3.節において指摘したChomsky (1986) による仮説から直接に引き出されるものではない．

　Chomsky (1982) は「拡大投射原理（extended projection principle）」という原理を提示しているが，これは従来の「投射原理」と，「節（clause）は主語を持たねばならない」とい

う原理の二つの部分から成るものである．主語名詞句の存在は，この二番目の原理によって保証されている．

　投射原理が述語の論理的な項構造に関連をもつものであるのに対して，二番目の原理は純粋に文のもつ「形」のレベルのみを問題とするものである．従って直接目的語や与格補語等が述語の論理的な項に必ず対応するものであるのに対して，主語位置には非人称の *il* のような意味的に空の名詞句がくることもできる．

　さて(21)の構文における「象は」を「主語」といってよいものかどうか，という点については，非常に大きな問題を残すところである．しかしながら「象は」が占めている統語上の位置，という観点から考えると，これは述語の最大投射（maximal projection）の外にあるものであるといえる．従って少なくとも述語によって下位範疇化された内部項（internal argument）[6] が占めるべき位置ではない．その意味において，拡大投射原理の二番目の方の原理が対象とすべきものであり，直接目的語や与格補語等の補語名詞句よりは，主語に近いステイタスのものであるといえる．(21)における「象は」の統語構造上の位置がこのようなものであるならば，この名詞句位置（NP position）の存在は，述語の項構造に関係なく，保証されていることになる．従ってこの点に関していえば，「象は」を「余分の名詞句」とみなすことはできない．

　しかしながら，この構文にはもうひとつ問題がある．「象は」は述語の論理的な項ではないのだから，これから θ 役割を受けとることはできない．それならばこの名詞句の解釈はどのようにして与えられるのであろうか．比較のために次の文を検討してみよう．

第10章　与格の拡大用法と二重主題構文

(22) Il me semble que Jean est malade.

(22)の主語は *sembler* の項をなすものではないが，その position としての存在は拡大投射原理の二番目の原理によって保証されている．ここまでは(21)と同じなのであるが，違うのは主語位置を占めている名詞句の性質である．(22)の主語は非人称の *Il* であり，意味的に空の要素である．これに対して(21)の主語は「象」という，指示物（référent）をもった名詞句である．このような名詞句にθ役割が与えられないと，その文はθ基準により排除されてしまう．ところが(21)においてはそれが与えられないのである．従って(21)における「象は」という名詞句は，positionとしての存在は保証されているが，(22)とは違って解釈の点で問題がある，ということになる．

このような観点からすれば，この名詞句もやはり「余分の名詞句」とみなすことができる．[7]

3.2.「ノ」の代行

日本語における(21)のような構文は，本稿2.2.節において指摘した「所有の制約」に関しても，他の二構文との興味深い類似性を呈している．

(23) a. 象ハ，鼻ガ長イ．
　　　b. B氏ハ，奥サンガ入院中デス．
　　　c. アノ学校ハ，屋上ニ望遠鏡ガ据エテアル．

三上（1960）によると，(23)の文を無題化すると(24)が得られる．

(24) a. 象ノ鼻ガ長クアルkoto
　　　b. B氏ノ奥サンガ入院中デアルkoto
　　　c. アノ学校ノ屋上ニ望遠鏡ガ据エテアルkoto

つまり(23)における「ハ」は「ノ」を代行している，というのである．ここで注目したいのは，日本語においては所有の関係は，この格助詞の「ノ」によって表される，ということである．ところで北原（1975）は，「ノ」は「ガニヲ」等とは違って連体助詞であり，連体の「ノ」が連用の「ハ」によって代行される，というのは納得できない，と疑問を投げかけている．

　これは次のような構造上の問題を指摘したものである，といえる．「象ノ鼻」の構造は細部を略すると(25)のように表されるべきであり，「象ノ」は「象ノ鼻」というNPに支配されたNPである，ということができる．

(25)　[NP [NP 象ノ] 鼻]

これに対して，たとえば

(26)　a.　コノ本ハ，父ガ買ッテクレマシタ．
　　　b.　コノ本ヲ父ガ買ッテクレタ koto

のような場合においては，(26b)の「コノ本ヲ」はVPに直接支配されたNPである．このように「ノの代行」には，他の助詞を代行する場合にはみられない，構造上の問題が存在する．

　この問題は，フランス語の「体の部分の所有者を表す与格」に関して行なわれた，次のような議論を思いおこさせる．

(27)　a.　On a cassé le bras *à ce garçon*.
　　　b.　On a cassé le bras *de ce garçon*.

(27a)の [PP*à*-NP] は[8]，[VP V-NP- [PP*à*-NP]] と表されるようなVPに直接支配された構成素であるが，(27b)の [PP*de*-NP] は，[VP V- [NP Art-N- [PP*de*-NP]]] と表されるような，NPに支配されたPPである．Kayne (1977) は，次に示す(28)は，(27b)ではなく，(27a)のような構造から派生するものだ，としている (p. 142)．

(28) On lui a cassé le bras.

　日仏両語におけるこれらの議論は，いずれも文の直接的な構成要素が，他の補語名詞句に支配された，構造上一段低い位置にある名詞句から派生されると考えるのはおかしいのではないか，という点を指摘したものであるといえる．そしてこの指摘は当を得たものであるように思われる．

　(23a) と (24a)，あるいは(28)と (27b) にみられるような対応関係は，一方が他方から派生されるというような，「形」としての構造と構造を結びつける関係とみなすべきではない．それぞれの構文そのものは独立したものなのである．ただ (23a) や(28)のような構文における「余分の名詞句」は，「話題」として機能することが要求されている．助詞の「の」や前置詞の《de》で表される関係は，話題的なつながりを想起させる代表的なものなのである．このためこれらの文はしばしば，(24a)，(27b) のような文と，意味的に対応することになるのである．

3.3. 主語卓越言語／話題卓越言語

　Li & Thompson (1976) は，主語卓越言語 (subject-prominent language, 以下Sp) と話題卓越言語 (topic-prominent language, 以下Tp) を区別するという，非常に魅力的な類型論的仮説を提案している[9]．Tp においては，文の基本的な統語構造は「主語-述語」の関係ではなく，「話題－評言 (topic-comment)」の関係を反映するものである，という主張は，諸言語におけるさまざまな文の構造の詳細な分析による実証的裏付けを待たねばなるまいが，かなりの妥当性をもつものであるように思われる．

　ただ，類型論のもつ分類的側面に着目しすぎると，この二つ

のタイプの言語を，全く異質なものとして，切りはなして考えてしまう危険性がある．日本語における「ハ・ガ構文」の存在は，この言語のもつ Tp 的な性格を反映したものとして[10]，フランス語や英語のような，純粋な Sp 型言語とは関係のない現象，とみなしてしまいがちである．

　しかしながら，本稿において指摘したように，この構文をめぐる問題は，統語構造，あるいは談話構造を支配する，一般的，普遍的な原理・原則によって説明できる部分をかなり有している．フランス語においても，よく似た現象がみとめられるという事実は，それを裏付けるものであるということができる．「ハ・ガ構文」の分析は，普遍的な面と，個別的な面をみきわめながら進められていくべきものであるように思われる．

4．結　語

　本章においては，拡大用法の与格補語を含む構文，フランス語の二重主題構文，日本語の二重主題構文の三つが，次の三点において類似していることを指摘した．i) 述語によって論理的に選択された項ではない「余分の名詞句」を文中に含む，という有標の構造をもつものである．ii)「余分の名詞句」は「話題」という談話機能を有している．iii) 多くの場合，「余分の名詞句」と文中の他の名詞句との間に「所有」の関係がみとめられる．

　これらの分析を通して我々が提起した問題は，文法的に主要な要素として，（つまり，状況補語ではなく，主語，目的語等の主要な文法機能をになうものとして），文中に存在することが可能な名詞句はどのようなものなのか，その資格設定をめぐるものである，ということができる．1.3.節において指摘し

た Chomsky (1986) による仮説は，このような条件のうち，最も基本的かつ重要なものをなす，ということができる．

本稿において分析した三つの構文は，i) に示したような統語的有標性をもつものである．このような有標の構造が容認されるためには，さまざまな条件を満たさねばならない．そのため ii)，iii) のような制約が課せられることになるのである．

[注]
1) (5b) は Leclère (1976) による例文．
2) (8)は Kayne (1977) による例文．(9)はこれらの例文における *lui* を *à Paul* に置き換えてインフォーマントに尋ねた結果である．
3) このような有標の構文が，どのようにして「文法」において認可（license）されるのか，という問題に関しては，本書第8章を参照されたい．
4) 伝統的に(13)は，次の (i) と同じ統語構造を持つものとされてきた．

　　　(i) Je trouve ce livre intéressant.

つまり(13)における *avoir* を，(i) の *trouver* と同様，直接目的語の属詞をとる構文に用いられる動詞，とみなしているのである．この分析に従えば，*Sylvie* は *bleus* の項でこそないが，*avoir* の項であるということになり，「余分の名詞句」ということはできない．

しかしながら，先に指摘したように，(13)の *avoir* は本来もっている *posséder* の意味を失い，単なる繋辞（copule）としてしか機能していない．つまりこの文の *avoir* は意味的に非常に希薄なのである．この点において，固有の意味内容を有し，主語に対しても「動作主（agent）」の役割を与えている *trouver* とは大きく異なる．

この点を考慮に入れて(13)の意味的な構造を考えた場合，*avoir*

を独立した述語とみなすべきかどうか, 疑問である. このような観点からすれば, (13)の *Sylvie* は, 少なくとも論理的には「余分の名詞句」といってよいのではないか, と思われる.「余分の名詞句」の概念については, 本章3.1.節において, もう一度考察する.

5) (19)はSandfeld (1936) の例文. この文に関しては, 朝倉 (1984) が次のような興味深い分析を行っている. この文の意は「ジェニーは［どうしたかと言えば］, 私を待っている」ではない. それならば,

　　(i) Jenny m'attend.

となるはずである. (19)においては,「待っている」という動作を行う主体も, その動作そのものも, 共に新情報なのである (p. 181).

たしかにこの構文は, *Jenny* という語を主語の位置からはずすことにより, 動作の主体もまた新情報をなす, ということを明示できるという機能的な効果をもっている. その点において, 朝倉 (op. cit.) が指摘するように,

　　(ii) Il y a quelque chose qui bouge dans l'herbe.
　　　　(cf. Quelque chose bouge dans l'herbe.)

のような「Il y a … qui」型の構文と類似しているといえる.

ただ, (19)と (ii) は, 統語的なステイタスに関しては異なっている. (ii) においては *quelque chose* があけわたした主語の位置を占めているのは, 意味的に空である, 非人称の *Il* である. この構文においては「余分の名詞句」は存在しない. これに対して(19)においては, 指示物 (référent) をもつ語である *J'* が,「余分の名詞句」として挿入されているのである.

6) Williams (1981) は, 語彙項目が論理的に選択する項のうち, 主語にあたる「外部項」と, 補部にあたる「内部項」を区別してい

第10章　与格の拡大用法と二重主題構文　　175

る．

7) 日本語の統語構造に関しては，VPの存在を認めず，従って「主語」と「目的語」等の間の非対称性を認めない，とする見解もある．この見解を支持し，日本語においては主語もまた，動詞によってその存在を保証されていると考えるならば，(21)の「象は」のような名詞句の，「余分の名詞句」としての位置付けは，もっと直接的なものとなる．

8) Vergnaud (1974) は (27a) の *à ce garçon* のような与格補語は，「前置詞句」というより，むしろ「名詞句」とみなすべきである，としている (pp. 246-248)．本書8章において示したように，この見解は非常に興味深いものであるということができる．ただ，ここの議論に限っていえば，重要なのは *à ce garçon* がVPの直接の構成素をなすという点であり，その範疇が何かということは問題ではないため，Kayne (1977) に従ってPPと表記しておく．

9) Li & Thompson (1976) は，厳密には，諸言語を次の四つのタイプに分類している．

(i) 主語卓越言語，(ii) 話題卓越言語，(iii) 主語卓越，話題卓越の両方の特性を有するもの，(iv) 主語卓越，話題卓越のいずれでもないもの．

10) Li & Thompson (1976) によると，日本語は，上記注9)の(iii) のタイプの言語として分類される．

[参考文献]

朝倉季雄 (1984)：『フランス文法メモ』，白水社.

Chomsky, N. (1982)：*Some Concepts and Consequences of the Theory of Government and Binding*, The MIT Press, Cambridge, Mass.

Chomsky, N. (1986) : *Knowledge of Language*, Praeger Publishers, New York.

福地肇 (1985) :『談話の構造』, 新英文法選書10, 大修館書店.

古川直世 (1986) :「文法の対照―フランス語と日本語」,『外国語と日本語』, 応用言語学講座 2, 明治書院.

Furukawa, N. (1987) : «*Sylvie a les yeux bleus* : Construction à double thème», *Lingvisticae Investigationes*, XI:2.

ジョン・ハインズ, 岩崎勝一 (1987) :「日本語における名詞句省略―ディスコースからの考察」,『言語』 16-3, 大修館書店.

Kayne, R.-S. (1977) : *Syntaxe du français*, Seuil, Paris.

北原保雄 (1975) :「日本語の主語 ― 三上文法の再評価のために」,『言語』 4-3, 大修館書店.

Leclère, Ch. (1976) : «Datifs Syntaxiques et Datif Éthique», in J.-C. Chevalier & M. Gross (éds), *Méthodes en Grammaire Française*, Klincksieck, Paris.

Leclère, Ch. (1978) : «Sur une Classe de Verbes Datifs», in *Langue Française*, No. 39.

Li, C.N. & Thompson, S.A. (1976) : «Subject and Topic: A New Typology of Language», in C:N.Li (éd.), *Subject and Topic*, Academic Press, New York.

三上 章 (1960) :『象は鼻が長い』, くろしお出版.

Sandfeld, Kr. (1936) : *Syntaxe du français contemporain*, II, *Les Propositions subordonnées*, Droz, Paris.

Vergnaud, J.-R. (1974) : *French Relative Clauses*, MIT Phd dissertation.

Williams, E. (1981) : «Argument Structure and Morphology», *The Linguistic Review* 1.

第11章
フランス語の
分離不可能所有者与格と拡大与格

1. 自動詞構文における分離不可能所有者与格と拡大与格
1.1. 分布の相違

　フランス語の与格補語を伴う構文のうち，次のようなものを「拡大与格」と呼ぶ．

(1)　a.　Il lui a cassé sa vaisselle.
　　　　　'He broke her plate on her.'
　　b.　Elle lui a tué sa femme.
　　　　　'She killed his wife.'
　　　　　　　（Kayne 1977）

　一方，次の(2)にみられるような与格は「分離不可能所有者与格（datif de la possession inaliénable; 以下，「PI与格」と略記する）」と呼ばれる．

(2)　a.　Il lui a cassé le bras.
　　　　　'He broke his arm.'
　　b.　Il lui a lavé les cheveux.
　　　　　'He washed her hair.'

　拡大与格とPI与格の構文は，動詞によって論理的に選択された項ではない名詞句を，与格補語として文中に組み込んでいる，という点で共通している．だがこの二つの与格の分布には，か

なり違いがあるように思われる．PI与格の方が，許容される構文の範囲が拡大与格よりも広いのである．
　拡大与格とPI与格の相違が最もきわだっているように思われるのが，自動詞構文の場合である．

(3) a. *L'impôt sur le revenu lui a augmenté.
　　　'The income tax increased on him.'
　　　(Authier & Reed 1992)
　　b. *Sa femme lui est morte.
　　　'His wife died'
　　　(Kayne 1977)
　　c. *Son bébé lui a pleuré toute la nuit.
　　　'Her baby cried all night.'
　　　(井口 1991)

(3)が示すように，非対格動詞（(3a),(3b)），非能格動詞((3c))いずれの場合においても，拡大与格は許容されない[1]．
　これに対して，PI与格は，自動詞構文の例も多い．

(4) a. La petite boule de neige lui a fondu sur l'épaule.
　　　'The small snow ball melted on his shoulder.'
　　　(井口 1991)
　　b. Les insectes lui couraient sur les jambes.
　　　'The insects were running all over her legs.'
　　　(Kayne 1977)

(4a)は非対格動詞，(4b)は非能格動詞の例であるが，いずれにおいてもPI与格は許容される．

1.2. 身体部位名詞が主語の場合

　しかしながら，注意深く観察すると，次のような例がみとめ

られる.

(5) a. *La peau lui a rougi.
　　　'His skin got red.'
　　b. *?Le bras lui a enflé.
　　　'His arm is swollen.'
　　　　（以上，Kayne 1977: 292）

身体部位の所有者としての与格は，一般に容認可能性が高いのに，(5a-b) に関しては容認可能性が著しく低くなっている，というのは注目に値する．

　拡大与格，PI与格に共通して課せられる意味的制約として，「受影性の条件（affectedness condition）[2]」という概念がしばしば言及される．これは，与格の表す人物は，動詞によって記述される出来事によって，何らかの影響を受けねばならない，とするものである．(5a-b) はこの受影性の観点からは，全く問題はないはずである．(5a-b) の動詞は，いずれも状態変化を表す非対格動詞であり，変化を被る対象は身体部位名詞である *La peau, Le bras* である．したがってこれらの文における与格の指示対象の受影性はかなり高いはずである．にもかかわらず，これらの文の容認可能性は非常に低い．身体部位名詞の所有者としての与格であり，受影性も高いのに，なぜこれらの文は許容されないのか．与格の問題を考える上で，(5a-b) は非常に重要な意味をもつ例文であると思われる．

　ここで (5a-b) においては，身体部位名詞が主語になっているということに注目したい．同じ非対格動詞の例でも，身体部位名詞を前置詞句中にもつ (4a) が許容されているのと対照的である．次の(6)は「状態動詞（state verb）」の例であるが，この場合にも，身体部位名詞を主語にもつ (6a) が非文であるの

に対し，前置詞句内にもつ（6b）は許容される．

(6) a. *Le bras lui a adhéré au mur.
　　　 'His arm stuck to the wall.'
　　　 (Kayne 1977: 292)

　　b. Ce plat m'est resté *sur l'estomac.*
　　　 this dish DAT remained on the stomach
　　　 'I did not digest this dish at all.'
　　　 (Legendre 1989)

ところで，身体部位名詞を主語とする場合，PI与格が全く許容されないわけではない．(7)はその例である．

(7) a. La tête lui tourne.
　　　 the head DAT spins
　　　 'He feels giddy.'

　　b. La barbe lui devint plus longue.
　　　 'His beard became longer.'
　　　 (林 1998)

　　c. Le cœur lui battait.
　　　 'His heart pounds.'
　　　 (Kayne 1977)

ただ，身体部位名詞を主語とする，PI与格の例は，それほど多くはない．しかも，成句的な性格をもつ（7a）のような例を除いては，インフォーマントの間で容認可能性の判断が分かれるものが多い．(7b)，(7c) に関しては，筆者がインフォーマント三人に尋ねた結果は，それぞれ［可：0，疑：1，不可：2］，［可：1，疑：2，不可：0］であった．身体部位名詞を前置詞句中にもつ，(4b)，(6b) の容認可能性の高さに比べると，明らかに違いがある．またインフォーマントの一人は

(7b) を文語的であると言い，また他の一人は（7c）を古語的な印象があると指摘した．

本稿においては，このような身体部位名詞を主語としてもつ場合に注目して検討をすすめていきたい．

2．「他者」に及ぶ出来事

Kayne（1977）は，(5a-b)，(6a) に関して ((8)として再掲する)，(9)のように *faire* に埋め込まれて使役構文の形をとる場合には，分離不可能所有者与格が許容されるという，興味深い指摘を行なっている．

(8) a. *La peau lui a rougi. (= (5a))
　　b. *?Le bras lui a enflé. (= (5b))
　　c. **Le bras* lui a adhéré au mur. (= (6a))

(9) a. Le soleil lui a fait rougir la peau.
　　　　'The sun made his skin red.'
　　b. Les cachets lui ont fait enfler le bras.
　　　　'The pills made his arm swell.'
　　c. On lui a fait adhérer le bras au mur.
　　　　'They made his arm stick to the wall.'
　　　（以上，Kayne 1977: 292）

Kayne（1977）によるこの指摘は，身体部位名詞が主語のとき，何故与格の容認可能性が低くなるのか，という問題に対して重要な示唆を与えるものであると思われる．(8)が非文もしくは著しく容認可能性の低いものであるのに，(9)は全く問題なく許容されるということは，PI与格の認可においては他動性が関与的であることを感じさせる．身体部位そのものが動詞の表す出来事（event）によって変化を受けるだけではPI与格

は認可されない．たとえば (9a) の *le soleil* のような，外的な動作主もしくは起因者の存在が必要なのである．

　与格が認可されるのは，ある者（あるいは物）の行為が「他者」に対して何らかの変化を生ぜしめる，あるいは（多くの場合不快な）影響を与える場合なのである．(8)のように変化の主体である身体部位そのものが主語であり，出来事（event）が「他者」に及んでいない場合は認可されない．

　この「他者」が最も端的にあらわれるのが，(2)のような，他動詞が身体部位を直接目的語としてとる構文である．

　(9)のような文における「faire＋非対格動詞」の連鎖は，périphrastique な他動詞と考えることができる．

　また，述語が自動詞の (4a)（(10)として再掲）のような例は，次のように説明することができる．

(10)　La petite boule de neige lui a fondu sur l'épaule. (＝(4a))
この文では，「小さな雪の玉がとける」という出来事が「他者」である *lui* なる人物の肩に及んでいる．このように述語の表す出来事によって，状態変化なり，影響なりを受ける身体部位が，主語名詞句とは異なる「他者」のものであるならば，自動詞構文であっても，与格は認可されるのである．

　ところで(8)−(9)の間にみられるコントラストは，身体部位名詞を含まない，一般の拡大与格においてもみとめられる．

(11)　a.　*Ma voiture m'a disparu.
　　　　　'My car disappeared.'
　　　b.　*Son chien lui mourra.
　　　　　'His dog died.'
　　　c.　Ils m'ont fait disparaître ma voiture.
　　　　　'They made my car disappear.'

    d. On lui fera mourir son chien.
       'We'll make his dog die.'
          （以上，Kayne 1977: 291）

(11c-d) における *faire disparaître*, *faire mourir* は，(9)の場合と同様，périphrastique な他動詞と考えることができる．このことは拡大与格の認可においても，「他者に及ぶ出来事」という条件が働いていることを示唆する．ことばをかえれば，この条件は，拡大与格，PI与格に共通してみとめられる条件であるということになる．

　以上，拡大与格，PI与格ともに，「他者に及ぶ出来事」という条件が働いているということをみてきた．ここで問題となるのは，それではなぜ，「他者」に及ぶ出来事でないといけないのか，ということである．ことばをかえれば，出来事をひきおこす entity と，それによって影響を被る entity が，なぜ互いに独立した，「別のもの（distinct）」でなければならないのか，ということである．この点に関して，与格に関するもうひとつの構文，「受益構文（benefactive construction）」を分析した Shibatani (1996) は，非常に興味深い示唆を含むものであるように思われる．

3．Shibatani (1996) の「'give' スキーマ」

　Shibatani (1996) は，認知言語学的な視点から，「受益構文 (benefactive construction)」の類型論的分析を行なっている．本節においては，この Shibatani (1996) の分析をみてみたい．なお，以下の例文(12)-(13)，(15)-(17)はいずれも Shibatani (1996) によるものである．

　「受益構文」とは，次の (12a) の英語の文を代表例とする

ような構文である．

(12) a. John bought Mary a book.
　　 b. Cf. John bought a book for Mary.

　この構文の特徴は，受益者（beneficiary）が，項（argument）として文に組み込まれているというところにあり，この点において受益者が付加詞（adjunct）にすぎない（12b）とは異なる．日本語の受益構文は（13a）のような文であり，受益者が項のステイタスをもたない（13b）と対照される．

(13) a. Boku wa Hanako ni hon o kat-te yat-ta.
　　 b. Cf. Boku wa Hanako no tame ni hon o kat-te yat-ta.

　受益者は，英語，インドネシア語のように二重目的語構文の第一目的語として実現される場合と，ドイツ語，日本語のように間接目的語（与格）として実現される場合がある．フランス語もこの後者のタイプであり，(14)のような文が，例としてあげられるだろう．

(14) Jean lui a offert des fleurs.
　　 'Jean sent her flowers.'

　受益構文はどんな動詞とも共起するというわけではない．たとえば英語では，(12a)や次の（15a-b）のような場合は可能であるが，(16a-b) は非文である．

(15) a. Maurice sent Mary a book.
　　 b. Maurice taught Mary French.

(16) a. *I opened Mary the door.
　　 b. *I swept Mary the garden.

　どのような述語が受益構文を許容するか，ということに関しては，言語によって違いがみられる．たとえば英語の（16a）が非文であるのに対して，ドイツ語の(17)は受益構文として許

容される.

(17) Otto öffnet Karin die Tür.
　　　　　　　　　　open　　　　　the door
　　'Otto opens the door for Karin'

　Shibatani (1996) は, このような言語間での受益構文の分布の相違 (cross-linguistic variation) や, (15)-(16)にみられるような一言語内での許容度の違いは, 当該言語において 'give' の意を表す動詞の構文 (たとえば英語の場合は, *John gave Mary a book* という文にみられる構文) を「スキーマ」とみなすことにより, 説明することができるとしている. すなわち *give* に相当する動詞の構文に, 意味的, 形態・統語的に近ければ近いほど, 受益構文として受け入れられる, というのである. 典型例からの拡張 (extension) をどこまで許容するかは, 言語によって異なる. たとえば(17)を許容するドイツ語は, 英語に比べて拡張に関してより寛容であるということができる.

　Shibatani (1996) が示す「'give' スキーマ」の特性は次のようなものである.

(18) Shibatani (1996) の「'give' スキーマ」
　　　Structure: [NP$_1$ NP$_2$ NP$_3$ GIVE]
　　　　NP$_1$ =coded as a subject
　　　　NP$_2$ =coded either as a primary object or as a dative
　　　　　　　indirect object
　　　　NP$_3$ =coded either as a secondary object or as a direct
　　　　　　　object
　　　Semantics: NP$_1$ CAUSES NP$_2$ TO HAVE NP$_3$; i.e.
　　　　NP$_1$ =human agent, NP$_2$ =human goal,
　　　　NP$_3$ =object theme

NP 2 exercises potential possessive control over NP 3
NP 1 creates the possessive situation on behalf of NP 2
（Shibatani 1996：173-174）

　Shibatani（1996）の「'give' スキーマ」による分析は，与格（英語などの場合は第一目的語）が「受益者」として解釈される場合を対象としたものであり，フランス語の拡大与格やPI与格の多くがそうであるような，「被害者」としての意味（malefactive reading）をもつ場合を対象としたものではない．だが本稿の分析対象であるフランス語の両構文に関しては，「'give' スキーマ」によって説明できる部分がかなりあるように思われる．次節においてはこの点を検討してみたい．

4．フランス語の与格と「'give' スキーマ」
4.1．主語名詞句と与格の指示対象の独立性

　本稿2節において，拡大与格，PI与格ともに課せられる制約として，述語によって表される出来事が，「他者」に及ぶものでなくてはならないということをみてきた．一般に許容度が高いはずのPI与格も，出来事によって影響を受ける対象である身体部位名詞が主語の場合は，容認可能性が著しく低くなるのである．

　「'give' スキーマ」は，構造的には NP 1，NP 2，NP 3 という三つの名詞句を要求する．そしてこの三つの名詞句には，それぞれ NP 1 =human agent, NP 2 =human goal, NP 3 =object theme という形で，異なる意味役割が与えられる．つまり典型的な与格構文には，出来事が直接及ぶ対象の NP 3，NP 3 と所有の関係を有する NP 2 以外に，これらとは独立した存在（entity）である，動作主の NP 1 が必要なのである．（8a-c）

のような身体部位名詞を主語とする例文は，このような意味での NP₁ が欠落している．他者に対して行為を行なう，外的動作主である NP₁ が欠落しているのである．そして(9)のような形で外的動作主（もしくは外的起因者）が補われ，この欠落が埋められた場合には，ただちに与格は許容される．身体部位名詞を含まない，一般の拡大与格の例である（11a-b）と（11c-d）の間のコントラストに関しても，同様のことがいえる．

　林（1998）は，「二次叙述（prédication secondaire）」の概念を用いて，拡大与格と分離不可能所有者与格の統一的説明を行なっている．これによると，与格を許容する構文のプロトタイプ的なものは，語彙概念構造（Lexical Conceptual Structure）が，[x ACT ON y] CAUSE [y BECOME [y BE AT z]] という形で記述されるものであり，与格はCAUSEの右辺の[BECOME…] と表される二次叙述の部分と関係を結ぶ，としている．この林（1998）の分析は，左辺に [x ACT ON y] を必要とする，という点において，直感的な部分で我々の分析と共通するものがある．外的な動作主 x の存在を想定するものといえるからである．

4.2．Transitivity effect

　Shibatani（1996）は，受益構文は自動詞とは共起しにくいという強い傾向が，通言語的（cross-linguistically）にみとめられる，と指摘する．

(19)　a．英語

　　　　*I danced Mary.

　　　b．インドネシア語

>   *Saya menari-kan Ana.
>   I   dance-BEN
>   'I danced for Ana'
>   (Shibatani 1996)

　フランス語の拡大与格の場合も，これに似た傾向がみとめられる．1節においてみた，(3a-c) のように，拡大与格は自動詞とはほとんど共起しない．だがPI与格に関しては，(4a-b) のように，自動詞の例も多い．(これらの例文を(20)，(21)として再掲する．)

(20)　a.　*L'impôt sur le revenu lui a augmenté．(=(3a))
　　　b.　*Sa femme lui est morte．(=(3b))
　　　c.　*Son bébé lui a pleuré toute la nuit．(=(3c))
(21)　a.　La petite boule de neige lui a fondu sur l'épaule．(= (4a))
　　　b.　Les insectes lui couraient sur les jambes．(=4b)

ところで次の(22)をみてみよう．

(22)　a.　Le chiot lui a pissé dans ses laitues.
　　　　　'The puppy pissed in her/his lettuce.'
　　　b.　Les gosses lui ont gribouillé sur tous les murs.
　　　　　'The kids scribbled on all walls (?on her).'
　　　　(以上，Barnes 1985)

(22a-b) は，身体部位名詞を含まない，一般の拡大与格である．それなのに，*pisser, gribouiller* という自動詞とともに用いられている．これらの例と (20a-c) の違いはどこにあるのだろうか．

　ここで注目したいのが，*dans ses laitues, sur tous les murs* という前置詞句の存在である．これらの文において，レタスや壁というのは，行為によって直接的，具体的影響を受ける対象であ

る．(22)の二例が示唆するのは，行為の直接的対象となる名詞句が，文中に明示的に存在している場合には与格は許容されるのではないか，ということである．他動詞の場合には，いうまでもなく直接目的語がこの名詞句にあたる．直接目的語をもたない自動詞の場合には，(22a-b)のように，前置詞句内に含まれる名詞句という形で明示的にされた場合のみ，与格が許容されるのである．

(21)のような文においてPI与格が許容されるのも，同じ条件によるものということができる．PI与格の場合は，身体部位名詞が具体的影響を受ける対象として文中に存在している，ということができるからである．

Shibatani (1996) の「'give' スキーマ」に適合するためには，三つの名詞句が必要である．(20a-c)は，三番目の名詞句，NP_3 が欠けているため非文となる．ただ，フランス語の拡大与格，PI与格の場合は，その NP_3 が必ずしも直接目的語として実現される必要はない．つまり文中に明示的に存在さえしていれば，前置詞句中に含まれる名詞句であってもかまわない，ということになる．したがって「'give' スキーマ」のかなりゆるやかな適用例であるということができる．

4.3.「所有」の概念

Shibatani (1996) の「'give' スキーマ」によると，「NP_1 は，NP_2 が NP_3 を所有する関係をつくりだす」ということになる ((18)参照)．

フランス語の与格構文の場合はどうだろうか．一般に拡大与格，身体部位所有者与格（PI与格）とよばれているものは，与格が受益者として解釈される場合（benefactive reading）と，

被害者として解釈される場合（malefactive reading）の両方を含んでいる．このうち，次の(23)にみられるような受益者として解釈される例は，まさにShibatani（1996）のいう「受益構文（benefactive construction）」に相当するものであるということができる．

(23) a. On lui a construit une maison.
　　　　'They built a house for him.'
　　 b. Elle lui a mis une écharpe autour du cou.
　　　　'She put a scarf around his neck.'
　　　　（以上，Kayne 1977）

問題は，拡大与格，PI与格の多くがそうであるような，与格が被害者として解釈される場合である．ここで考慮に入れたいのが，次の構文である．

(24) a. On lui a volé son passeport.
　　　　'They stole his passport.'
　　 b. Le voleur lui a arraché son sac.
　　　　'The thief snatched her bag.'
　　　　（『ロワイヤル仏和中辞典』）

voler, arracher, prendre, enlever 等の一連の動詞は，直接目的語と与格補語の二つをとる動詞であるが，これらにおける与格は，主題役割（thematic role）のレベルでいえば，「到達点（goal）」ではなく「起点（source）」の役割をになう．出来事（event）に対するかかわりかた，という観点からいえば，「受益者」ではなく「被害者」であるということができる．これらの動詞の構文は，*donner* 'give' や *offrir* 'send' といった動詞の構文に対して，ちょうど鏡に映った像のような関係にあるのである．「所有」に関していえば，*give* に代表される動詞の場合は，

NP₁（主語名詞句）が，「NP₂（与格）がNP₃（直接目的語）を所有する」という状況をつくり出す，というものであった．*voler, arracher* 等の場合は，これとは逆に，NP₂，NP₃の間にすでに存在する所有の状況を，NP₁が打ち砕くということになる．

　拡大与格，PI与格の場合にも，これに似た状況が指摘できる．拡大与格の構文は，与格の表す人物と直接目的語との間に，所有の関係がある場合に許容されやすい．PI与格の場合は，いうまでもなく，身体部位名詞と与格の指示対象との間に所有関係がある．そしてこの両構文によって表される事象は，与格で表された人物の所有物を破壊したり，損傷を与えたりすることによって，「所有」の関係そのものをあやうくしてしまう意味合いをもつものが多い．逆のイメージ，マイナスのイメージではあるが，やはり「所有」の概念に密接にかかわっているといえるのである．

5．身体部位名詞が主語でも，PI与格が許容される場合
5.1．「内的エネルギー」

　我々は，2節，4節において，身体部位名詞が主語になっている場合には，PI与格が容認されにくいという現象を分析してきた．だが1.2.節でも指摘したように，身体部位名詞が主語であっても，PI与格の容認可能性の高い，次のような例も存在する．

(25) a. Le cœur lui battait. （=(7c)）
　　 b. La tête lui tourne. （=(7a)）
　　 c. La main lui démange.
　　　　'His hand itches.'

　　　　　　　　（Kayne 1977）
(26) La barbe lui devint plus longue. (=(7b))
(27) Les dents lui poussèrent sans qu'il pleurât une seule fois.
　　　'He got his teeth without crying even once.'
　　　　　（Le Bidois 1968）

　本稿においては，(25)-(27)のような例を，動詞の意味的特性によって説明したい．ここで注目したいのが，「非対格性（unaccusativity）」およびそれと密接な関係にある，Levin & Rappaport Hovav (1995) が「内的原因による出来事／外的原因による出来事（internally caused event / externally caused event）」という意味的対立である．Levin & Rappaport Hovav は，一項述語動詞の「非能格／非対格」のステイタスを決定するリンキング規則において，重要な役割を果たすものとしてこの対立をあげているのであるが，この意味特性はわれわれが論じている与格の問題にも重要な意味をもつものであると思われる．

　「内的原因による出来事」の典型的な例は，*speak, play* のような「動作主」を主語としてとるタイプの自動詞である．だが「内的原因による出来事」のすべてが動作主的（agentive）であるわけではない．*The cuctus blooms* というような文にみられる *bloom* や，Levin & Rappaport Hovav (1995) が「放射動詞（verb of emission）」とよぶ *clang, glitter* 等の動詞は，動作主を主語としてもつわけではない．だがこれらの動詞が表す出来事は，主語である項に内在する何らかの特性によって引き起こされているのである．この意味において，これらの動詞も「内的原因による出来事」を記述するものであるということができる[3]．

第11章　フランス語の分離不可能所有者与格と拡大与格　　193

　Levin & Rappaport Hovav（1995）は，意味的構造と統語的構造を結びつける4種のリンキング規則を提案している．このうち，"Immediate Cause Linking Rule" によると，動詞の表す出来事を引き起こす直接的原因となる項は，その動詞の外項（external argument）である，ということになる．したがって，上記のような内的原因を表す出来事を表す動詞の主語はこれに該当することになり，これらの動詞は，他のリンキング規則に妨げられない限り，非能格動詞のステイタスをもつということになる[4]．

　さてPI与格の構文である(25)-(27)にもどると，これらの文が表す出来事は，いずれも「内的原因による出来事」としての性格が強いということができるものである．(26), (27)の「ひげがのびる」，「歯が生える」というのは，状態変化を表す出来事ではあるが，Levin & Rappaport Hovav（1995）が例としてあげている *bloom* 同様，主語である項に内在する特性によって引き起こされるものなのである．したがって非対格性も低い．(25a-c) における動詞は，いずれも「変化」を記述するものではなく，語彙的アスペクトの点からいっても未完了的である．これらは非能格動詞であるといえる．

　これらの点を考えあわせると，動詞が「内的原因による出来事」を表す場合，ことばをかえれば動詞の「非対格性」が低い場合には，身体部位名詞が主語であってもPI与格は許容されやすいということができる．

　「非対格性」の観点からのPI与格の分析といえば，König & Haspelmath（1998）が，外的所有者（external possessor）を許容するのは非対格動詞ではないか，という見解を示している（pp. 546-547）．だが我々の考察によると，これとは逆にむし

ろ非対格性の低い動詞，いってみれば「非能格性」の高い動詞の方が，少なくとも身体部位名詞が主語の場合に関しては，PI与格を許容しやすいということになる．どのような動詞を「非対格」とみなすかという点に関しては，研究者の間で必ずしも意見は一致していない．我々は先に引用したLevin & Rappaport Hovav（1995）による，4種のリンキング規則に基づく規定が最も妥当なものではないかと考える．その観点からすると，König & Haspelmathが非対格動詞とみなしている例にも，むしろ非能格とみなすべきものが含まれているように思われる．

それではなぜ，「内的原因による出来事」の場合には，PI与格の容認可能性が比較的高くなるのであろうか．我々はこの問題は，4節で示した「'give'スキーマ」に基づく分析の延長線上においてとらえることができるものであると考える．「意図的（volitional）」でこそないが，主体自らの内的なエネルギーによって引き起こされる事象というのは，メタフォリックな意味においてagentive eventの連続線上にあるものであるということができる．[NP₁ NP₂ NP₃ GIVE]におけるNP₁は，自ら行為を行う主体である動作主（agent）である．内的原因による出来事を表す動詞の主語は，少なくとも外的原因によって引き起こされた状態変化を記述する非対格動詞の主語に比べると，このスキーマにおけるNP₁に近いものであるということができる．

5.2. 身体部位名詞の自立性

(26), (27)のような例に関しては，次のように考えることもできる．これらの文の主語の「鬚（*barbe*）」や「歯（*dents*）」

というものは,「腕」や「足」などとは異なり,身体部位名詞の中でも自立性の高いものであるということができる.次の(28)の「髪(cheveux)」に関しても,同じことが言えるだろう.

(28)　Les cheveux lui descendent de la tête aux pieds.

　　'Her hair descends from head to foot.'

　　　　(Guéron 1985)

鬚や髪がのびるという現象,子供の歯が生えてくるという現象は,もちろん生物学的には主体である人間から切り離して扱えるものではないが,日常的な感覚としては,あたかもそれ自身の内的エネルギーによって成長しているような印象を与えるものである.そしてこの「日常的な感覚」というものは,しばしば言語に興味深い反映をみせる.

　さらにこれらの部位は,その所有者からの分離も比較的容易に行われる.髪を切る,あるいは鬚を剃るというのはごく一般的な行為であるし,歯に関しては,特に子供の乳歯の場合など,自然に抜け落ちてしまうという経験を誰もがもっている.これに対して「腕」や「足」の場合は,切り離してしまうなどということは,日常的にはまずありえない.

　これらの例においては,鬚や髪,あるいは歯は,その所有者とは独立した存在(entity)としてとらえられやすいということができる.そのため「所有者」は,これらの身体部位をめぐって起こる出来事に,「他者」としてかかわり,影響を受けることになる.

　このように考えてくると,㉖,㉗は,身体部位名詞を直接目的語としてもつ典型的なPI与格の構文と,意味的にかなり共通する点があるということができる.

　2節でみた非文の例(8a)((29)として再掲)は,(30)のよ

うに *sur le dos* ('on the back') を付加すると，かなり容認可能性が高くなる．

(29) *La peau lui a rougi. (=(8a))

(30) ?La peau lui a rougi sur le dos.

これは，*sur le dos* を付け加えたことにより，与格が前置詞句中の *le dos* との間に所有の関係を取り結ぶことになると同時に，主語の *la peau* が，独立した存在（entity）として，より一層認識されやすくなったためといえる．(30)は，次の(31)のような文に近いステイタスをもっているということができる．

(31) Le sang　　lui　　a monté　à la tête.
　　　 the blood　DAT　rose　　　to the head
　　　'He got all excited.'

6．結　語

　以上，フランス語の拡大与格とPI与格について考察してきた．これらの与格が許容されるためには，次の二つの意味的な条件がかかわっているものと思われる．一つは述語によって表される出来事（event）の「始発点」に関するものであり，もう一つは出来事の「終着点」に関するものである．始発点においては，広義の agentivité ともいうべきものが要求される．これは「事象をひきおこす内的エネルギー」ということができるだろう．他方，終着点においては，それが「他者」に及ぶものでなくてはならない．自己完結的な行為ではだめなのである．

　この両方の条件を満たしている場合は，文句なしに与格は許容される．だがどちらか一方のみの例もある．5節においてみた(25)-(27)は，前者の「始発点」に関する条件のみを満たす例といえるし，(10)は後者の「終着点」に関する条件のみを満

たす例といえる．

　この二つの意味的条件のいずれかを満たすということは，フランス語において，出来事の間接的関与者としての与格が許容されるための最低限の必要条件であるように思われる．この二つのいずれもが満たされない場合には，例文（5a-b），（6a）のように，身体部位名詞の所有者と解釈されうる場合でも，与格は拒絶されるのである．

　そしてこのような条件が課される理由として，与格構文の雛形ともいうべきイメージの存在が指摘されるだろう．与格補語を伴う構文の，最も中心的，典型的なものは，*give* に相当する概念を表す動詞の構文であるといえる．このスキーマから遠く離れれば離れる程，与格の許容度は低くなる．フランス語の場合は，上記の二つの意味的条件の少なくとも一方を満たすというのが，許容される拡張の限界となっているものと思われる．

[注]
インフォーマントは，Claude LEVI ALVARES氏，Christian LE DIMNA氏，Jean-Christian BOUVIER氏にお願いした．心から御礼申し上げる．
1）自動詞構文の拡大与格の例が全くないというわけではない．この点に関しては，4.2.節において詳述する．
2）「受影性」という訳語は，林（1998）によるものである．
3）「内的原因／外的原因」の区別は，必ずしも厳密に線を引きうる性格のものではない．Levin & Rappaport Hovav（1995）によると，たとえば「とける（melt）」という現象を内的原因／外的原因のいずれによるものと捉えるかというのは言語によって異なる．そしてその選択は，当該言語において「とける」を意味する自動詞

形と「とかす」を意味する他動詞形のどちらが形態的により基本的であるかという，文法的事実に反映されるのである．

4）Levin & Rappaport Hovav（1995）の，4種のリンキング規則は，次のものである．"Immediate Cause Linking Rule", "Direct Change Linking Rule", "Existence Linking Rule", "Default Linking Rule".

[参考文献]

Authier, J. M. & L. Reed（1992）: "Case Theory, Theta Theory, and the Distribution of French Affected Datives", in *The Proceedings of the Tenth West Coast Conference on Formal Linguistics* : 27-39.

Barnes, B. K.（1985）: "A Functional Explanation of French Datives", *Studies in Language* 9-2: 159-195.

Guéron, J.（1985）: "Inalienable Possession, PRO-Inclusion and Lexical Chains", in Guéron, J., H.-G. Obenauer, J.-Y. Pollock (eds.), Grammatical Representation, Foris, Dordrecht: 43-86.

林博司（1998）:「二次述語構文と拡大与格」,『国際文化学研究』,神戸大学国際文化学部: 61-94.

井口容子（1991）:「Jean lui a cassé sa vaisselle/ le brasにみられる与格について」,『フランス語学研究』, 第25号, 日本フランス語学会:77-79.

Kayne, R. S.（1977）: *Syntaxe du français*, Seuil, Paris.

König, E. & M. Haspelmath（1998）: "Les constructions à possesseur externe dans les langues d'Europe", in Feuillet, J. (ed), *Actance et valence dans les langues de l'Europe*, Mouton de

Gruyter, Berlin: 525-606.

Le Bidois, G. & R. Le Bidois (1968) : *Syntaxe du français moderne*, Auguste Picard, Paris.

Legendre, G. (1989) : "Unaccusativity in French", *Lingua* 79: 95-164.

Levin, B. & M. Rappaport Hovav (1995) : *Unaccusativity*, MIT Press, Cambridge, MA.

Shibatani, M. (1996) : "Applicatives and Benefactives: A Cognitive Account", in Shibatani, M. & S. A. Thompson (eds), *Grammatical Constructions*, Oxford University Press: 157-194.

[辞書]

田村毅他編『ロワイヤル仏和中辞典』，旺文社，1985．

著者略歴
井口 容子（いぐち ようこ）
　1981年　九州大学文学部卒業
　1989年　九州大学大学院文学研究科博士課程単位修得退学
　現在、広島大学総合科学部助教授
　フランス語学専攻

フランス語構文の分析

定価（本体2800円＋税）

	2003年3月10日　初版印刷
	2003年3月20日　初版発行

　　著　者　　井口容子

　　発行者　　井田洋二
　　製版所　　㈱フォレスト

　　　　　〒101-0062　東京都千代田区神田駿河台3の7
　発行所　電話 03(3291)1676代　FAX03(3291)1675　　株式会社　駿河台出版社
　　　　　振替 00190-3-56669

ISBN4-411-02214-1 C3098　¥2800E